令和維新

今こそ「躍動する」日本へ

国家の舵取りは企業に学べ

野口　哲英

平成出版

❁ はじめに

私たちを取り巻く大自然は無常であり、ひとところに留まることなく、万物は絶えず変化し、私たちの生命も、絶えず生死を繰り返しています。しかし、これは見方を変えれば、宇宙の法則に則っているといってもいいでしょう。

宇宙の法則は絶対で、宇宙に逆らって生きることはできません。不老長寿をいくら願っても、人間は、百年は生きられても二百年とは生きられません。私たちは、宇宙の法則に支配され、生命を授かり、生かされ、そして死んでいきます。

その間、私たちは誰もが幸せになりたいと願っています。それは人間としての権利であるといえますが、その反面生命を与えられ、生かされているということは、その「生」を生かし、感謝し、幸せになる義務があると言うこともできます。そう考えることが、宇宙の法則や原理にかなった生き方だと思います。

激動の昭和が終わり、平和平穏を願った平成ですが、バブル経済が弾け、さらに東日本大震災をはじめいくつかの災害も何とか納まったものの、国民は活力をなくし後ろ向きの守りの生活に陥り、国も目先の景気をはじめとした諸政策に終始するといった状況に陥ってしまいました。今や生存分岐点に立つ日本を、新元号に代わったことを大きなキッカケとして、明るく躍動する日本に作り変えたいと切に願っております。そのためには、ピンチをチャンスとして果敢に乗り越えて来た企業の経営手法を、賢く取り入れていくことが肝要です。

人は誰でも一人では生きてゆけません。人は人と人との間、人間としてお互いに仕事（人に役立つ、事に仕える）をして助け合い、励まし合って命を全うすることが幸せの基本でなければなりません。人々や社会の役に立たないエゴの企業は、ひととき栄えても早晩消えゆくのが必掟です。そしてより良い社会を作るために、企業は、ビジョンや戦略を立て競い合って企業生命を営み続けるのです。

翻って国家においても、国民の幸せを願って国の運営を司り、為政者は企業の経営に責任を持って当たる企業の経営陣と同様に、中・長期的なビジョンや戦略を持たねばなりません。ただし、企業経営は、限定された一部の人達への責任ですが、国家経営の場合は、企業も含めた国民という大きな集団の故に、福祉や安全保障といった物的利益に即結びつかない分野の責任もついてまわります。

人々が人生の流転を幸せに全うするためには、自分のことは自分で責任をもつ

「自助」を基本としながらも、地域の人がお互いに助け合う「共助」と、国や地方自治体が支える「公助」が不可欠です。

幸い「共助」に関しては、我が国には「和」の文化・伝統があり、最近は衰退しつつあるというものの、積極的に見直していけば、大きな力になることは間違いありません。そうした文化・伝統のあり方にも触れながら、本書では、国や「公助」のあり方について、検討していきたいと思います。とくに、これまで長年企業経営に携わってきた立場から、私たち国民にとって望ましい国の姿を、提案していきたいと考えています。

第5章 ❀ 経済活性化のために

第6章 ❀ 産業・開発の進むべき方向

第8章 ❀ 教育のあるべき姿

第9章 ❀ 世界へ発信したい日本の文化

第1章

国家と企業

❀ 我が国の成り立ちを振り返る

はじめに、我が国の成り立ちを歴史的な背景からみてみたいと思います。我が国の文明の起源は、遠くは縄文時代にまでさかのぼりますが、四季豊かな自然に恵まれる日本列島にあって、我が国は自然と調和・共生する文化を生み出してきました。また、八百萬の神に象徴される、融通性に富んだ自然観と宗教心があり、海外からも柔軟に進んだ文化・文明を受け入れ、今日を築いて来ました。

その源流は、聖徳太子の十七条憲法第一条「和をもって尊しとなす」にあります。八百万の神が合議して物事を決めたように、みんなで議論して決めることの大切さを意味し、為政者の独裁や官僚の横暴をいましめるものでもあります。

その後、我が国は、天皇を心の拠り所とする共生社会を築き上げてきました。そして、源平の鎌倉時代から、時を経て徳川時代に至るまで、天皇と武家という巧妙な治政の仕組みの下、平和を保ち、世界に類を見ない豊かな精神文化が形づくられて来たのです。

しかし、三百年も続いた徳川幕府の鎖国による一国平和主義は、ペリーの来港を機に大きく変貌をとげます。柔軟な和の心の伝統文化を保ちながらも、明治維新後、文明開化を行う一方、西欧列強の人種差別政策をかわし、リーダーたちが一丸となって、国を挙げて富国強兵政策をやり遂げ、植民地主義による世界支配の欧米先進国の仲間入りをしてしまいました。

先進国に追いつき追い越せで、日清・日露戦争の勝利を経て、遂に我が国は列強の仲間入りをしたといえます。しかし、急成長の故に、欧米先進国から危険で邪魔な国と疎まれ、戦争をせざるを得ない状況に追い込まれてしまいます。

第二次世界大戦において、日本は米国との戦争を極力回避することを望んでいました。米国民も、もともと大戦に巻き込まれることを避けて来ましたが、英国がヨーロッパ戦線での不利な戦況を奪回すべく、米国を巻き込み、それがために日本に対し、生命線の石油の禁輸と石油輸入のルートを遮断してしまったのです。

そのため、真珠湾へ先制攻撃をしてしまうというワナにはまり、米国民の怒りを買い、ルーズベルトの戦略も見事に功を奏し、米国を戦争参加に導いてしまいました。そもそも石油のほか鉄鋼など、天然資源豊富な米国に戦争をしかけたこと自体、どうみても無茶な話ではありました。

それもこれも、我が国は、中世から近世まで、神風が吹き、蒙古の襲来、日清戦争、日露戦争と勝利を治め、明治維新を成し遂げ、欧米白人国の列強の一角を占め、韓国・台湾を植民地化し満州国を建国してきました。負けや失敗の経験がなかったのです。

しかし、GNP（国民総生産）からすれば、勝ち目のない戦争を始めてしまい、勢いだけで戦争を続けてもほどなく形勢は逆転。さらに連合国が結束した結果、我が国は、壊滅的な打撃を受け、敗戦を迎えることになります。もっとも、その戦いを通じて、東南アジアの植民地解放が行われ、東南アジア諸国からは、日本を恐れるよりもむしろ感謝されているという面もあります。

いずれにせよ、戦後我が国は、焼け跡から不死鳥の如くよみがえり、しかも世界に類を見ない高度経済成長を経て、今日に至る世界有数の平和で物質的な繁栄を築きあげました。

限界が見え始めたのは一九九〇年代。今世紀になってからは、世界に類をみない超高齢社会大国となり、今日まで世界の「いいとこ取り」をして、経済的に偏った発展をして来たものの、いまや世界のどこを見ても、これ以上我が国の未来のお手本となる国はなくなってしまいました。

❀ いまや課題山積の日本と世界

一方、我が国を取り巻く世界に目を転じてみますと、地球環境の破壊に加え、武力による地域紛争や領土紛争、そして経済資源戦争と、多くの国がしのぎを削っています。そのような厳しい世界情勢のなかで、我が国は、一国平和主義で、こうした世界の状況に「我関せず」と目をつぶり、問題の先送りをし続けて現在に至っているといえます。

今日の日本は、変化に取り残されているのです。ガラパゴス化しつつあるとは、よく言ったものです。まさにピタリと当てはまります。そして、永く続いた平和に安住し、変化を嫌い、ゆでガエル化した環境にどっぷり浸かっています。自分さえ良ければというエゴに陥り、ひいてはそのことが災いとなって、我が国を背負ってゆく若い人たちの多くは、将来に対する夢を持てず、閉塞感に陥り、結婚もせず、子ども作らず、内向きでスマホやゲームに逃げ込み、刹那的で孤立的な生き方に陥ってしまっています。

加えて、我が国の自殺率は、二〇一五年のＷＨＯ統計で、先進七ヵ国のトップを走っています。ちなみに人口十万人当たりで、日本は十七人、米国は十三人、ドイツ七人、イタリア五人強となっています。年代的には、三十～五十代が多く、経済問題やいじめなどの社会的プレッシャーが原因となっています。

やはり、前例にこだわり変化を好まない国民性が大きく、八方ふさがりのこの日本から脱するためには、さらなる技術開発が必要です。また、日本は、世界に比類なき素晴らしい自然と文化を有し、争いを好まず平和で安全、しかも性善説で成り立つ尊い国民性を有しています。

我が国独自の文化と蓄積した富を生かし、そうした本来の日本を再構築して、世界に積極的に発言し行動してゆくことが、我が国を滅亡から救い、世界の平和に貢献し、世界からも尊敬されるものと確信しています。そのためには、我が国の国民に幸せをもたらすための手法として、優れた企業の経営手法をもって、我が国の病根を診断し、明るい希望に満ち溢れた国づくりの処方箋を出してゆきたいと考えています。

世の中には、どうせ何を言ってもやっても、日本は変わらないというあきらめムードが漂っています。しかし、あきらめからは何も生まれません。始まりません。政治家を含めた既得権益者が牛耳るいびつな社会を変えていくには、まずは、私たち一人一人が変わる勇気と変える勇気を持つことが必要です。そして、今までの世間の慣例や常識を大幅に見直す、非常識ともいえる物の見方・考え方を身につけ、心あるリーダーがより結束して、ともに行動してゆけば、現状は必ずや変えていくことができるものと考えています。

❀ 企業と国家は相通ずる

ここで、注目しておきたいことは、国家の存続発展と企業の存続発展は、戦略的に軌を一にすることです。すなわち、強い者が勝ち残るとは限りません。賢い者が生き残るとも限りません。ダーウィンの法則に見るように、変化に対応する者のみが生き残るのです。

今日、企業は国内外で熾烈な戦いを強いられており、生き残りではなく勝ち残りをかけて、厳しい戦略を否応なく取らざるを得なくなっています。そのため、未来に対して中・長期の経営計画を立て、それを強力に遂行達成させるために戦い方・戦略を巡らせています。戦略としては、守りが八割、攻めが二割というのが一般的ですが、守り一方では、成長発展はおろか、存続さえ危うくなる時代といえます。

具体的な経営計画としては、ビジョンに基づく目標設定をした後、その実現を確実に遂げるためにバランススコアカード（ＢＳＣ）の手法を用いて、財務・顧客・業務プロセス・人材の育成指導の四つの指標で評価し、ＫＰＩ設定（重要業績評価指標／Ｋｅｙ Ｐｅｒｆｏｒｍａｎｃｅ Ｉｎｄｉｃａｔｏｒ）も併用しながら、繰り返し、その成果を点検します。そして、時代の変化を見ながら修正を加え、その繰り返しのサイクルで、社歴を積み上げていくものです。

しかし、我が国の経営戦略は、中期・長期のしっかりとした計画がなく、二〜三年の短期的な場当たり的な対応に追われています。それは、総理大臣をはじめ、部門責任者である大臣の任期が日替わり的に交替するのも大きな理由といえます。たまたま第二次安倍政権は、長期政権になっていますが、総理大臣の任期は、諸先進国トップのように最低四年は必要であると考えます。

そして、国の計画も、それに沿った予算づくりがなされた後、企業のＢＳＣやＫＰＩの手法に学び、入口から出口まで、しっかりとした業績評価がなされ、国民の眼にもオープンに開示されるべきでしょう。会計検査院だけの限られたチェックでは甘すぎます。

❁ 近年の企業の問題点

我が国が戦後、急速に経済を中心に発展したのは、曲がりなりにも全国総合開発計画（新全総〜五全総）があったためと言われています。しかし、平成に入りバブルがはじけて以来、国家はその進路を失ってしまいました。それでも企業には、働く従業員に対しては幸せにする義務があり、企業の社会的責任（ＣＳＲ）が問われています。

近年、いくつかの上場している大企業が、社会的責任を果たすべきところを、むしろ世間をだまし不正を働いたことで非難されています。これは、企業の社会的公器としての役割を逸脱して、無理に利益を上げて株主に答えて経営陣の安泰を図ろうとしているためだといえます。実際、社会的責任の大きな上場企業で、節税の名目で税金逃れと疑われる企業も見受けられます。

また、組織が肥大化すれば、企業も国家も責任の所在があいまいになり、誰も責任を取らなくなる問題が発生します。また、政治家が官僚に支配されるのも、国の発展を阻害します。むしろ、中小企業のトップや役員のように、失敗をすれば、損害を与えた債権者に個人が全責任を負い、その財産も差し押さえられるくらいの命を張った姿勢が求められています。

多くの企業は、「売り家と唐様で書く三代目」といわれるように、三代で消え去るところが多いといえます。企業が衰退し倒産してしまうのは、以下のような原因が考えられます。

①社会情勢・経済情勢・マーケットなどの変化への対応力の欠如
②トップの先見性の欠如
③トップ役員の企業の私物化と権力の乱用
④従業員の意欲の低下や、仕事に見合わない給与などの待遇要求

⑤市場や社会への貢献度の低下や害を与える経営

優れた政治家とは、多くの国民の「声なき声」を汲み取り、国の安全と永続的な発展を常に考え、リーダーとしての情念と命懸けの行動ができる「聖者」に近い人であってほしいと思います。

❀ 国家は企業に学ぶべき面が多い

インド独立の父であるマハトマ・ガンディーが、七つの社会的大罪（①理念なき政治②労働なき富③人間性なき科学④献身なき信仰⑤道徳なき商業⑥人格なき学識・教育⑦良心なき快楽）ということを言っていますが、これは、企業にも政治にも当てはまることです。

企業経営と国家経営を比較した場合、企業の経営は、経営者のロマンやビジョンのもと、企業としての理念をかかげ、社是・社訓などで社員に示しています。

これに対し、国家の経営と、憲法のもと、法律を定め、地方においては条例により治めています。

国家が企業に学ぶべきことは、大きな目標を立て、それにそって改革・革新をしていくことです。これまでは、少しでもよくなるようにと、改良・改善が中心でした。しかも、省庁間で横の連絡・連携もなく、整合性もなくバラバラに進めていました。

今日のように、未来が混とんとしている時代は、企業のトップが、人間性とリーダーシップのもと、明確な目標を高く掲げ、経営の資源たるヒト・モノ・カネ・情報を駆使し、強力に推進していくことが求められています。その点、米国は、絶えず大きな目標をかかげ、国家を推進してきました。ケネディ大統領がかかげた、月に人類が行くアポロ計画などは、まさにその典型例でしょう。当時は無理といわれたことでも、明確な目標を掲げることで、これを実現したのです。

その後も、その精神を受け継ぎ、我が国が「失われた２０年」と言っている間にも、着実な経営戦略により、ＩＴベンチャーを育て、世界に君臨し続けました。

いずれにしても、時が経つに連れて、組織は劣化するため、常に人、モノ、カネ、情報のメンテナンスをし、状況の変化に対応したマネジメントをしていく必要があります。国家の運営も同様なのです。

第2章 国家と憲法

☸ 国家と個人の関係

個人の集まりである家族、そこから企業や地域共同体が形成され、さらに、その集合体として、国家が形成されます。言い換えれば、国家とは、グローバルに見れば、世界における一員としての、「国民を守る国」という家であると位置づけることができます。国にとって国民は家族であり、個人や家族にとっては、お互いが力を合わせて国を守ることが基本になければなりません。その不自由さを嫌い、エゴを通す人は国民とはいえず、他国へ移民として引っ越していただく方がいいと思います。

個人の権利とは、個人の尊厳が尊重され守られることであり、自由とは、国民としての義務と責任を果たした人に与えられるものです。企業も国家も、従業員や国民の本音を理解し、そのレベルを高めるために、トップやリーダーがその実現のために、誤った選択をせず、先導する責務があります。単に権利を主張するエゴやポピュリズムに従っていては、企業も国家も立ち行かなくなることは間違いありません。民主主義発祥の国ギリシアでは、直接民主主義のアテネが、武力でスパルタに滅ぼされてしまいましたが、その轍を踏んではならないと思います。

❁ 憲法のあり方

憲法は、一般的には権力者が国を統治するための規範ですが、権力者の横暴を取り締るためにも存在しています。我が国の憲法では、古くは聖徳太子による一七条憲法の第一条「和と以って尊しとなす」、第十五条「公務に当たる者は私心を捨てよ」にそれを見ることができます。その後、武家諸法度を経て、明治維新を遂げて、明治天皇による五箇条の御誓文では、一に「広く会議を興し万機公論に決すべし」、二に「上下心を一にして盛んに経綸を行うべし」、四に「旧来の陋習を破り、天地の公道に基づくべし」と謳われています。

その後、国の発展・繁栄を目指した民主主義的な宣言に至り、天皇主権ではありますが、大日本帝国憲法に結実しました。しかし、今日では、自己を捨て国に全て身を捧げた尊い天皇制度は終わり、清濁合わせ持った世俗的リーダーによる統治機構に変わったため、権力者、統治者の横暴を抑えることも当然ですが、むしろあまりにも国民のエゴを許すことに重きを置いた日本国憲法に変わっています。

この米国ファーストの価値観を押しつけた新憲法により、国としてのまとまりがつかず、現在の平和憲法は世界や社会の急激な変化に耐え得なくなっています。本来なら国民のための憲法ならば、国民が望む国の理想や規範を掲げ世界の現実に対応できる必要があります。

そのためには、政治という権力を与えられた政治家、企業で言えば、社長以下役員たちが大きな方向性を決める必要があります。ポピュリズムに陥ってはいけません。企業のレベルは社員のレベルよりもリーダーのレベルにより決まるものであり、従業員は社内の崇高な理念や社員教育によって全体レベルを上げるものです。国家においても、それは通じます。国のリーダーが理想をかかげ、国民に納得を得た上で憲法を定めなければなりません。

☸ 性善説では成り立たない

平和憲法は美しく理想ではありますが、国内では、権利のみを主張するエゴイストが跋扈する中、国外には隙あらば他国を支配しようとする国が現存する弱肉強食の世界にあっては通用しません。「世界平和を希求する同じ価値観を有する国とは同盟し力を合わせてゆく」という単なる性善説では、お人よしのそしりを免れません。

とくに、米国、中国、韓国、ロシアにどう対応するかが大きな課題です。日本語では、Ｕｎｉｔｅｄ Ｎａｔｉｏｎは、国連（国際連合）と訳されていますが、直訳すると、「連合国」であり、国際連合ではありません。つまり、第二次世界大戦の戦勝国が、以後戦争のない平和と安全を願い、五大国（米・英・仏・中国・ソ連）が連合して作ったものです。

そのため、条約の文章に敵国条項があり、日・独・伊は相も変わらず敵国としてレッテルを貼られ続けています。トランプ大統領ではありませんが、我が国は世界平和ファーストを掲げ、地球環境と食糧エネルギーに力を入れ、国連分担金やＯＥＣＤ援助のほか、無益な資金拠出を大胆に見直し、我が国のためになる開発資金に振り分ける必要があると思います。

国の外交も、企業の対外取引と同様、性善説では成り立ちません。例えば、私の親友のＫ氏は、三十年にわたり東京の中小企業の仲間五十社と中国に渡り、ビジネスをしています。はじめは、経済特区で、やがて数年して特区が外されようやく撤退できたと語る一方、自分は大変な中国つう（通ではなく痛）であり、もし中国で仕事をするなら、日本人と中国人の違いについて、次のことを知っておくようにと言われました。

日本人は「はひふへほ」「はっきり言わない。ひっ込み思案。付和雷同。へっぴり腰。本音を言わない」。これに対して中国人は、「あいうえお」「絶対あやまらない。すぐいいわけをする。平気でうそをつく。遠慮しない。何でもおおげさに言う」。これは、中国人に限らず欧米人にも通ずるところがありますが、日本人には、国民性としては美徳であっても、少なくともビジネスの上では、大きなハンディを背負っているとも言えます。

☸ 憲法改正の必要性

憲法とは、国民の権利を守り国家の統治に対しあるべき形を示した最高法規であるが、戦後米国主導で、はき違えた民主主義の押しつけのため、国民の権利擁護が先で義務が後となり、何でも国がしてくれるという強欲なおねだり憲法となってしまっています。

そのため、自国の安全を米国にゆだね、彼らに血を流させて金で解決する形となっています。日本人の本来ＤＮＡとなっている「恥ずかしい、みっともない、はしたない」といった精神は、どこへ行ってしまったのでしょうか？

「人の命は地球より重い」と言った首相がいましたが、その態度であれば、結果として、米国に従属し、経済のみならず、あらゆる米国の都合を押し付けられるのみとなってしまいます。何とも情けないことですが、北朝鮮に拉致された我が国の国民の救出を、米国にお願いするというのでは、独立国と言えるのでしょうか？　しかも、米国には、北朝鮮から、拉致された米国人兵士たちの遺骨は返還されたというのに、我が国にはナシのつぶてです。

やはり、隣国からの武力の脅しなどで右往左往するような国の姿勢は許されません。政治家や責任ある立場の人たちは、問題解決を先送りしたり、何か事が起きても想定外と言って逃げたりしてはなりません。

諸外国の憲法は、米・独は成文法であり改正は数十回にも及びますが、日本の憲法は解釈憲法であるため、時によって解釈が異なります。特に国家の存立の最大の条文である第九条は、不戦・戦力軍隊を持たないとしながらも国を守る事実上の自衛隊という軍隊を有する相矛盾しています。違憲か合憲かの専門家の解釈が分かれる条文であり、その時々で解釈が変わったのでは、「いざ鎌倉」という時にはどうなるのでしょうか？

☸ 権利と義務

我が国では今日、個人が西欧に習って、権利を必要以上に主張する傾向が見られますが、西欧では、その前に自己責任という前提に則っており、権利の意味をはき違えるにも甚だしいものがあります。

我が国に西欧文明が怒涛のように押し寄せた明治の初め、英語の『ｒｉｇｈｔ』を日本語の「権利」と訳して一般化してしまったため、「権利意識」が蔓延してしまったように思われます。本来ならば、義務を伴う権利が『ｒｉｇｈｔ（正しい）』なら、

「道理」と訳すべきであったように思います。

今日の憲法は、全て権利が先に来ています。本来権利と義務は同等であり、企業では義務が先行します。自由・人権・個人の尊重は、自分の義務を果たした者に与えられるのが原則であるはずです。

日本国憲法の改正は、段階的には、まず九条改正が先決ですが、改正の基本的方向性は、権利と義務は同等としつつも、国民の義務の言葉が先に来なければならないと思います。神から与えられた命であるだけに、生きる権利よりも義務を先にと考えるべきしょう。その意味で、自殺などは論外です。

❀ 男女同権と女性の権利

近年は、男女平等や女性の社会進出が叫ばれ、西欧先進国ではさらにその動きは高まっていますが、日本もそれに習って果たして良いのでしょうか？　男女が差別なく平等であることや人として公平であることは基本として大切ですが、差別と区別は違います。そもそも男女は、ホルモンに支配され、本来的に肉体的・

精神的な違いがあります。

ところが、空手・柔道・プロレスなどの男性が行う格闘技や、企業においても男性と競い合うキャリアウーマンなど、極めて多くなっているのが現状です。また、女性は婚期が遅れ、出産せず子どもを持たない女性も急増しています。

しかし、女性にしかできない役割や喜びがあることを、見失ってしまっていないでしょうか？　本来、性器の構造からしても、男性は攻撃的に突き進むものであり、女性は男性を包み込み受け止め、はやる心を安定に導くもので、男と女で一人前となるものです。

男女は、競い合うのではなく、お互いの特性を生かし、相補い合うことがなによりも大切です。家庭も、主人は前に出て生活の糧を得て、奥さん（おかみさん）が家庭を守るものです。経営でも、トップは攻撃的で、チャレンジ精神が必要であり、守りとして女房役がいて安定した発展ができるものです。

それに反して最近は、未婚の女性で子ども欲しさに結婚せずに、あるいは精子バンクで偏差値の高い男性の精子で人工授精をするという女性も出現していると聞きます。生まれた子どもの父親が不明とは、子どもの心情と将来を考えないのでしょうか。人間はペットとは異なります。一方、生んだ子どもを夫婦で虐待して残虐に殺した事件がありましたが、畜生にも劣ることです。

また、近年は若い男女においては、女性上位で何かとセクハラ・パワハラと非難されるために、男性らしさの力強さが削がれてしまっています。女性がそこまで強くなったのならば、電車などで女性専用車などはなくし、ハンディキャップ車へと名称を変えた方が良いのではないでしょうか？ 最近、男女の議員候補者の数を「できるだけ同じ」にする「政治分野における男女共同参画推進法」が成立しましたが、変化の激しいこの世界で、変化を嫌う女性が半数になったら、我が国は戦ってゆけるのでしょうか。

第3章 国政と地方自治

☸ 政治家の役割

国家や企業が永続的に発展できるかどうかは、トップの器とリーダーシップで決まってきます。国家では総理大臣、企業では社長の責任は重大です。だからと言って、独裁やワンマンになるのは好ましくありません。また、企業は多数決では成り立ちません。労働組合が主導して、かつての日産や日本航空は経営危機に陥りました。やはり、おおむね二割のリーダー層が、他の八割の人を導く形が理想かと思います。

また、政治家の中でも、職務分担で大きな責任を担う大臣の任期は、少なくとも一期四年くらいは必要です。そうしないと、結局は、問題の先送りばかりで、官僚に支配される結果に陥りがちです。そして、適材適所の人材が、短期間でやめさせられることなく、その分野のプロとして活動して欲しいものです。とくに、外務大臣は、三ヶ国語以上の外国語に堪能な人材でなければ務まりません。

しかし、政治家にも、企業で言えば、役職定年は必要です。そして、その後も影で権力を操るようなことがあってはなりません。また、不祥事があった場合、責任を取って辞職して、同じ地位に留まらないことは大原則です。

なお、議員の辞職については、企業では定年退職、あるいは責任を取って辞職した場合、二度と役職あるいは企業に留まらないのが原則ですが、政治家の場合、議員辞職後も、何がしかの役職に残って権力を保持する者が多いのが現状です。これは、何らかの形で防ぐべく再考が必要だと思います。

❀ 国会のあり方

国会は、立法府であるだけに、議員の質が重要です。企業の統治で言えば、政治家は経営陣であり、その能力・哲学・精神性が問われます。選挙の票欲しさや権力保持のために、安易にポピュリズムに乗ったり、既得権益者にすり寄ったりすることは、いやしくさもしいことです。

また、与党がお互いに内部で馴れ合うことで議論を避けてしまったり、野党もまっとうな議論を外れて反対のための反対に陥ったり、個人的な失点やスキャンダルばかりを追い続けたりするようでは、大事な政策決定は先延ばしになるばかりです。商業主義に陥りつつあるマスコミの世論操作や、一部声高に叫ぶ評論家やエセ人権派の意見に惑わされてはいけません。

このような愚を演じ続けることは、激変する世界情勢のスピードに取り残されるばかりで、仕事や役割をサボタージュすることになり、国民に対する大きな罪を犯していると言えます。しっかりとした政策・代案を出せない政党には、政党助成金を渡すべきではありません。

そして、衆議院議員は、国の行方を決定する大きな役割を託された〝聖職〟です。ときには、一部の過激な反対派から命も狙われることもあります。しかし、それにひるむことなく各自の良心に恥じない魂の叫びや改革への情熱と祈りを持って欲しいものです。

また、参議院は〝良識の府〟と言われます。それだけに、衆議院と同じ選挙で選ぶのではなく、選挙なしで推薦され、かつ無党派の人材で構成すべきだと考えます。例えば、都道府県知事や人口百万人以上の都市の首長経験者、老舗の大学学長、経済界、教育界、芸術界、弁護士会、会計士会、建築士界、医療界、スポーツ界、芸能界などの各界代表一名に、著名な外国人も五名程度参与として加えて構成します。

秘書付で議会参加毎に日当を支給する形とし、交通費・宿泊費は支給します。企業で言えば、社外役員や顧問・監査役のような立場です。

❀ 選挙制度はこのままでよいのか

現在の選挙運動期間は、公示日に立候補届が受理されてから十二日間。明らかに短過ぎます。これでは立候補者の能力・人格・政策などを正しく吟味し評価が出来るわけがありません。半年から一年は必要だと思います。

国政選挙では、地盤としての地方区（選挙区）は二期までとし、三期目からは全国区（比例代表）とするのがいいと思います。また、議員数は多過ぎますので、半分に削減する必要があります。一方、報酬は大幅に引き上げ、政治活動における領収書は不要とし、経費は大幅に増額した方がいいでしょう。政治献金は、企業や団体の献金・寄付を禁じて個人献金のみとし、二万円以上は非課税とし、政党助成金を増やすことを提案します。

なお、投票率が低いことは、由々しき問題です。そこで、二回棄権した人に対しては、三回目は選挙権なし、四回目から二回棄権した人に対しては、六回目・七回目は選挙権なしといった思い切った対策も必要です。

❁ 地方自治を考える

今日我が国は、東京への一極集中に加え、大都市への人口移動が激しい状態にあります。特に若い人たちにとっては、少子化による労働力不足から、都会では就業機会に恵まれ、便利な生活も相まって、地方の山間部・町村部から大都市への人口移動が続き、人口の不均衡と、それに連動する経済の落ち込みなどで、商店街のシャッター通り化にみるように、山間部・町村部は、衰退から消滅の危機に瀕しています。

そうした中で、過疎地などで、地方議員の成り手も減り続け、立候補者が議員定数に満たない町村議会も増えつつあります。そうであるならば、議員の定数にかかわらず、立候補した者のみで運営してもいいかと思います。その場合、多くの業務を役所や役場に任せたり、住民による自治会や住宅団地の管理組合法人などに委託したりすることが必要です。これは、経費の節減にもつながります。

また、地方議員が、国政と同様に政党派閥を作り、地方の首長選や知事選に国政をからめ、票獲得の草刈り場として勢力を伸ばそうといった動きは失くすべきであると思います。例えば、自治体が、国政の党派と連携して、自治体に国の補助金などの優遇や便宜を図ることは、地域行政のあり方としては、いびつです。原則として、地方議会にあっては、議員は国の党派を禁止し、無所属であるべきでしょう。

やはり、地方自治に対して、国が関与したり干渉したりすると活力は減退します。例えば、島根県の隠岐諸島の海士町は、「役場は住民総合サービス会社」と宣言し、魅力ある町づくりに成功しています。また、名古屋市は、南区・西区・昭和区・港区などが、それぞれ魅力づくりに力を入れ、戦略的に情報発信することで、自治体としては、抜きん出た発展をしつつあります。

第4章

安全保障と防衛・防災

☸ 安全保障をどうするか

安全保障は、広くとらえれば、対外的には武力や侵略に対する防衛ですが、国内的には治安災害への対応と生きてゆくための衣食住の最低保障にあります。後者は、次項で改めて述べます。

安全保障についてまず言えることは、我が国の命運を、他国に握られるくびきから解放しなければ、真の独立国とは言えないということです。長期に渡って争う戦争は、やるべきではありませんが、仕掛けられた武力攻撃に対しては、防衛のために短期戦で戦うことは必要であり、そのための軍隊を有するのは当然です。

外交交渉にも限界があり、致命的な攻撃を受けてから反撃したのでは犠牲が大き過ぎるため、止むを得ず先制攻撃が必要な場合もあるでしょう。攻撃は最大の防御でもあります。トップやリーダーたちは、こうした意識と気概を持ってもらうことが必要と考えます。

特に、我が国は海洋国家として防衛の観点から、二百海里を死守する意図で警察権を強化するために海上自衛隊（軍隊とは言わない）の戦力強化を図ることは必要で、防衛のための戦力を持つことを、世界に公にするべきだと考えます。軍備に関しては、核を保有する選択肢もありえますが、核アレルギーの強い国民感情に配慮するならば、当面は、潜水艦を強化し、特に海上保安庁、さらには海上自衛隊を強化し領海を守ることが大切です。

ただし、万一の他国からの侵略に備えて、防衛のための超防衛兵器の開発も必要です。相手の核攻撃に対しては、強力な磁力線で二〇〜五〇キロメートルの範囲の領空に来たら、誘導された核を反転させ相手国へ報復する方法もあるでしょう。米国の核の傘に頼ることを絶対視することは危険だと思います。ただ、自由と民主主義を大切にする同じ価値観を有する米国との共同開発で、防衛力を強化する選択肢もあると思います。同じ平和への価値観を有する国となら、相互に安全保障を組むのは良いことです。

また、外敵からの侵略や攻撃は多様化しており、武力だけとは限りません。サイバー攻撃による安全システムの破壊を始め、ＡＩなどを用いた相手国の情報網の混乱や国民意識の分断や誘導など、ＩＴ技術を駆使する攻撃にも防衛・反撃しなければなりません。

今日、米国は、中国に対して、不平等な貿易・機密情報の不正取得・一帯一路の対外拠点の確保・対外金融支配など、諸問題に対する国家安全保障上の問題として、ある意味で冷戦状態を続けています。

我が国も、中国とは、東南アジアルートとマラッカ海峡の石油エネルギールートの確保の問題のほか、中国国内の土地や不動産取得の制限（中国の土地は外国人は購入できない）、中国への企業進出時の資本出資比率の制約（五十％以下）など、不平等な取引が行われており、これらが改められなければ、中国から、東南アジアやインドへシフトすべきであると考えます。

戦争を誘発する原因は、相手国に対する戦前戦後に受けた歴史的被害などによる敵対感情、あるいは資源獲得のためのライバルとの奪い合い、領土の拡張、民族浄化、経済戦争、通貨戦争、宗教や民族紛争などさまざまです。また、それらを起こすきっかけは、時の為政者が、自身の失政や苦境を脱するために、国民の目を他国に向けることが珍しくありません。

いずれにしても、基本となる考え方としては、国家間の争いにおいては、日本的な性善説は通用しないということです。相手国にスキがあれば、触手を伸ばして来るパワーゲームです。力の真空地帯が生まれれば、それを埋めようと他国の力が必ず働きます。

❀ 世界情勢から考える

近年では中国によるチベットや新疆ウイグル支配、ロシアによるクリミア半島支配に、その例を見ることができます。そうさせない外交努力はもちろん大切ですが、飛んで来る火の粉は、自ら振り払うか消し止めなければなりません。

特に、我が国と近接する国との間には、利害の衝突は、容易に起こり得ます。第二次世界大戦以後、世界の警察官として君臨してきた米国にかげりが見え始め、プレゼンスが低下し、それに乗じて中国が経済大国から軍事的大国へ発展しています。

その勢いに乗って、中華思想のもと、世界を米国と分け合うといった妄想にかられた中国、核をチラつかせる北朝鮮、北方領土を固定化し続けるロシアなど、経済のみ繁栄し無防備できた日本は、武力で恐怖を与えれば、諸々の要求ができる国と見られても仕方がありません。

一方、米国のトランプ大統領のアメリカファーストをきっかけとして、各国とも自国ファーストの傾向が強まり、他国を助けようという相互互恵の精神はしぼみつつあり、自国のエゴが蔓延しつつあります。

戦後米国の対日政策は、二度と米国にやいばを向けさせず、米国に従順にして軍事や経済面で徹底的に利用することが歴代の大統領の哲学でした。しかし、日本が近隣国から攻撃され、万一核のおどしが現実的になった場合、果たして米国は核を相手国に使用するでしょうか？

米国本土まで届く長距離核のおどしがあれば、手を引くことは自明の理といえるのではないでしょうか？　そのため、結論的に言えば、自国は自分たちで命がけで守るしかないということです。何か事があってから対処しようとしても間に合いません。ろくな手は打てません。

そこで、中長期的に見れば、我が国は米国離れを真剣に考え、北朝鮮よりも中国・ロシアに対して対等に交渉するためにも、核兵器に対抗できる核兵器かそれに代わる戦略兵器の開発保有が必要となるでしょう。追い込まれて太平洋戦争に突入した愚を二度と起こさないように、今日からさまざまな危機事態を想定して戦略を立てておかねばなりません。国家の一大事に想定外という指導者達の無責任は通用しません。

なお、北方領土の返還についても、ロシアとの何らかの約束を取り交わした上で、早急に平和条約締結も行うべきだと思います。

ちなみに、神話にもあるように、日本は、諸々の神が集って集団合議に至る「和」の国です。「和をもって貴しとなす」国です。そして、権力も個人に集中せず、また、長期にわたらない方が健全です。

イタリアの経済学者アルフレッド・パレートが唱えた「パレートの法則」（働き蜂の法則とも言います）では、社会において、組織全体の二割程度の要人が大部分の利益をもたらし、その二割が間引かれるとしても、残った組織から二割が補いその役割を果たすと指摘しています。翻って、国やリーダーの在り方を考える上でも、そのように入れ替わっても、組織として維持されることが好ましいと考えます。

☸ 核廃絶問題を考える

我が国は、この運動を推進するICANに不参加を決めていますが、米国の核の傘に依存しているために、正面切って反対できないという問題があります。しかし、北朝鮮をはじめ、発展途上国が核を保有することが世界に広がり、地域戦争やテロリストに渡れば、それが引き金となって、世界戦争につながる恐れもあります。

その意味では、我が国は核実験も含めて核廃絶運動を積極的に行い、核保有国への牽制を積極的に行うべきだと考えます。そして、近隣諸国の我が国への核の脅威に関しては、核に代わる有力な防衛武器の開発を急ぐべきでしょう。

あるいは、相手の核による脅しに対しては、いつでも核を持てる技術（核と運搬手段、誘導システム）の開発研究は不可欠でしょう。我が国は、世界で唯一核の被害を受けた国として、核を持つ権利があると考えています。

❀ 環境対策と津波・地震対策

地球環境は、地球規模での気候の温暖化が大きなテーマとなっています。我が国の努力は、世界の先進国と肩を並べていますが、原子力発電を大幅に減らしているため、火力発電に頼らざるを得なく、削減の成果は上がっていません。

そのため、我が国としては、二百海里内に眠るメタンハイドレートの開発を急ぐとともに、将来は、核廃棄物の溶融炉の開発、あるいは太陽で発熱されるのと同等の核融合炉を世界と共同開発することに力を入れるべきでしょう。そして、いわゆる「パリ協定」から脱退した米国を説得し、中国に対しては、国力に応じた二酸化炭素の削減を強く迫るべきだと思います。

海に囲まれた我が国は、津波対策は重要です。東日本大震災の後、十五ｍを越える湾岸堤防が作れましたが、これはあたかも刑務所の高い塀を思わせ、住民に海の見えない閉鎖空間を造るばかりか、ゼネコンや土木会社を喜ばせるだけです。また、想定外の十五ｍ以上の高い津波が来たらどう言い訳するのでしょうか？造成のための土地のかさ上げも大変非効率で、賛成できません。また、仮設住宅で長期間の仮の生活を強いることも罪づくりというものです。

たたでさえ平地の少ない我が国です。それよりも、更地と化した元の土地に、仮設住宅分の安全な上階へ避難できる超高層の集合住宅を建設すれば、新たな移転の土地を確保もする必要もなく、安全で快適に住めると思います。また、交通網が遮断される沿海地方には、大型の病院船や大型ヘリが必要となりますが、それが準備できれば、ひいては東南アジアなどの津波や地震災害にも活用できるメリットがあります。

地震対策については、住宅の密集する市街地では、建築物は、全て耐火耐震のコンクリート構造と同等の強度・耐火性能のものであることを義務づけることが必要です。また、崖くずれなどの災害については、山間地の谷や水源の下流域などにある危険地域については、原則として住宅建設を禁止する措置も必要でしょう。我が国は、自然災害の多い国ですが、これも、あらかじめ十分に手を打てば、災にならずに済むことが多いのです。

第5章

経済活性化のために

☸ 悪循環の日本経済

国家の存続発展には、国民の大多数が生命、財産が安全に守られ、物・心両面の豊かさが維持されることが必要です。そのためには、基本的にエネルギーと食糧を自国で確保することが重要です。我が国のエネルギー自給率は先進国中最低の八％しかありません。

そのため、高齢化がピークを迎える二〇二五年までに、原子力、あるいは海底に眠るメタンハイドレート開発で八十％以上を確保すべきです。また、食糧も現況四十％足らずの自給率を、八十％以上にすべきでしょう。やれば可能です。それを実現するためには、国民経済の発展は死活問題です。

経済の成長阻害要因は、人口の超高齢化による生産年齢人口の減少、非正規雇用労働者の増大、増え続ける定年退職者と仕事からの引退、生活保護者の増大などがあげられ、いずれも深刻で、現状維持が精一杯の状況にあります。経済学者アダム・スミスの国富論で語る「神の見えざる手」で自然に良い方向に変わるという理論は、今日の行き過ぎた資本主義経済では機能しないことは明らかです。

若年層の賃金の伸び率は低く、資産を多く保有する老人達は長命（長寿ではない）であるため、将来が不安でお金を使わず、お金が消費に回りません。これでは、景気が上向かず、むしろ低迷する一方です。

また、大企業においては、アベノミクスが功を奏して空前の黒字化を果たし、その結果大きく利益を企業内に留保するとともに、その資金運用で、さらに利益を積み増したり、ファンドや社債を通じて他の企業のＭ＆Ａに力を入れたりしています。それなのに、従業員にあまり成果を配分しないばかりか、リストラまでしています。

六五歳が定年で年金を支給すると、国家の財政は持ち応えられません。しかも、定年で働かなくなると、かえって身心を弱めることになります。定年退職者で職のない人たちは、公官庁の職員総数の約半分を雇用したり、お年寄りの気持ちが分かる介護の仕事についてもらったりして、働いてもらえば、相応の年金生活を充実できると思います。

そして、若い人たちは、もっと力仕事や生産性のある仕事にシフトしてもらうことで、外国人労働者を多数雇い入れる必要はなくなります。外国人に頼る前に、労働力不足に対処することを考えるべきでしょう。

経済の活性化は、企業が時代の変化を先取りして研究開発に力を入れたり、あるいはベンチャー企業を官民挙げて支援したりする体制を作ることが何よりも大切です。米国のように、一度失敗しても何度でも挑戦できるそのような公的支援システムづくりが求められています。あわせて、全国の企業四二〇万社の九九・七%を占める中小企業に対する支援をテコ入れしていく必要があります。

☸ 金融資本主義の弊害

我が国の法人企業は、金融政策と世界の景気上昇で、金融保険業を除き、過去最高の四四六兆円という利益剰余金（内部留保）を生み出しています。しかし、節税対策やM&Aに使ったり、人件費への配分をせず眠らせたりしているのであれば、これに対し剰余税を設けても良いのではないかと考えています。

今日の実体経済は、長く続いた低成長経済による税収の低下、社会保障費や災害対策の増大、失業率の是正のために、国債の増発では足りず、政府紙幣の増刷で現金をバラまくヘリコプターマネーまで検討されている状況にあります。

実際には、国債により金融機関を通して現金が市中に撒かれても、大企業は自社で債権を発行し大銀行から借りず、一方では中小企業には金融機関は貸したがらず、結局その資金をファンドや為替の運用に使っているため、市中にはお金が回らず、景気は一向によくならず、国民の消費も上向来ません。

これまで消費に旺盛であった若者は、節約志向に陥り、何としても欲しいという物やサービスがなくなっています。一方で、利益をため込んだ企業は、設備投資を控えてマネーゲームやＭ＆Ａに走っているのが実体で、大変不健全な経済情勢にあると言わざるを得ません。

本来の銀行の果たすべき役割を忘れて、一九八六年に英国が発祥で、金融ビッグバンとして金融自由化政策が取られ、金融業務・保険業務・証券業務などの障壁をなくして協業できる仕組みですが、利益相反が起きやすい問題があります。二〇〇八年に発生した米国の証券会社リーマンブラザーズの経営破たんは、不動産バブルに乗って低所得者に住宅購入のローンを組ませ、不良債券を優良債券と抱き合わせで証券化したために起こったものです。

このようなことは、金融保険証券業務の協業というシステムを採っていれば、またいつかは起こり得るものです。その意味で、我が国は、率先して利益相反を起こす制度を改革すべきであると考えます。そして、実体経済を反映しない余剰金を生む強欲な資本主義や拝金主義は、人の心を壊し、世界経済を破壊することは間違いありません。我が国がリーダーシップを取って、世界の心ある有識者を結集して改革を進める必要があります。

この末期的な強欲資本主義は、ひとつには、お金がお金を生むマネーゲームシステムに問題があります。多くのファンドが複数の資金運用をし、しかも思惑での秒単位で売買を繰り返し、相場を支配しているのが現状です。そこへ、国民から預かった年金や高齢者の大切な資金を投下し、更なる景気浮揚策として、日銀による民間銀行への多額の資金がファンドなどの運用機関に供給されています。これに対しては、しっかりと課税し、国民へ還元する必要があります。

❋ 株式会社という組織

また、株式会社における統治機構の問題もあります。本来、企業とは「業を企画する」もので、業として何を行うのかは、人々に役立つことで生活を豊かにし、社会の発展に寄与することに他なりません。

株式会社とは、資本を集め、人・モノ・金・情報に資金を投資し、拡大・成長するために、資金を必要とし株主を募ります。欧米では古くから株式会社は株主のもので、経営を通じて蓄えられた剰余金（純資産）は株主のものとする株主資本主義の考え方が主流です。そのため、企業の運営を委託された代表取締役以下、取締役に対し、常に株主配当を求められ、配当が少なければたちどころにトップ並びに役員の交替をさせられてしまいます。

それに応えようと、役員たちは、常に利益の確保のために無理な経営をしがちです。そのため、ニッサン、シャープ、スルガ銀行、三菱マテリアル、川崎重工など、不祥事を行ってしまう例が後を絶ちません。こうして、世間の非難にさらされ業績が悪化してくると、ハゲタカファンドの餌食となり、M＆Aされたあげく、大幅なリストラで社員の首切りを行い、一時的に利益を上げて、さらに転売される羽目に陥ります。

そもそも、すべての企業が、いつでも株主が求める常に一定の利益を出せるものではありません。企業は、時代や社会の変化に、雨風にも倒れぬしなやかな竹のように柔軟に対応しなくてはなりません。そして、時には技術開発のために先行投資をする必要もあり、その資金に利益を当てたり、借金をしたりすることもあるのです。

企業とは、本来トップや役員だけでなく、社員と苦楽をともにして一体となって「我が社意識」を作り上げるべきものであり、その愛社精神や仲間意識の強い日本的な企業風土のもとで、日本の企業は、これまで世界に立ち向かえてきたのです。

それなのに、いまや欧米企業のように、常にリストラ・トップの交代やM&Aを繰り返し、一部の資本家や役員のみが利益を独占し、従業員が路頭に迷うようになってしまったのは、いかがなものでしょうか？　こうした問題を解決していくために、企業は、株主よりも社債で資金を集め、業績が向上したら、特別配当で報いるという方法も考えられます。また、ベンチャー企業に対しては、国が積極的に支援し、金融機関を通じて三〜五年間に区切って超低金利の融資を考えることも有効な策だと思います。

今後は、愛社精神を醸成し、従業員が安心して仕事に夢や誇りを持てるようにしていくことが、企業が永続的に発展していくためには大切です。国家も同様に、国民同士が喜びも苦労も分かち合い、愛国心を醸成していくことが、国家の発展はもちろん、外国の侵略や支配を防いでいくためにも求められています。

なお、中国や東南アジアでは、不動産バブルの兆しが見られ、近年は、第二のリーマンショックも囁かれています。緩み過ぎた世界的な金融緩和に歩調を合わせた我が国の金融政策は、早急に是正していく必要があります。

❀ 看過できない財政赤字

我が国の財政赤字は、中曽根政権以後、毎年膨らみ続け、その穴埋めに赤字国債を発行し続けています（図表１・２）。このままいけば、二〇二〇年度には、債務赤字は対ＧＤＰ比で二五〇％になるとも言われています。ヨーロッパのお荷物で国家破綻の危機にあるギリシアでさえも、一七六％ですので、その異常さは、これ以上看過できない状況にあります。

企業でも家計でも、毎年赤字や借金が増え続ければ、いくら財産や資産があって

図表１■財政収支

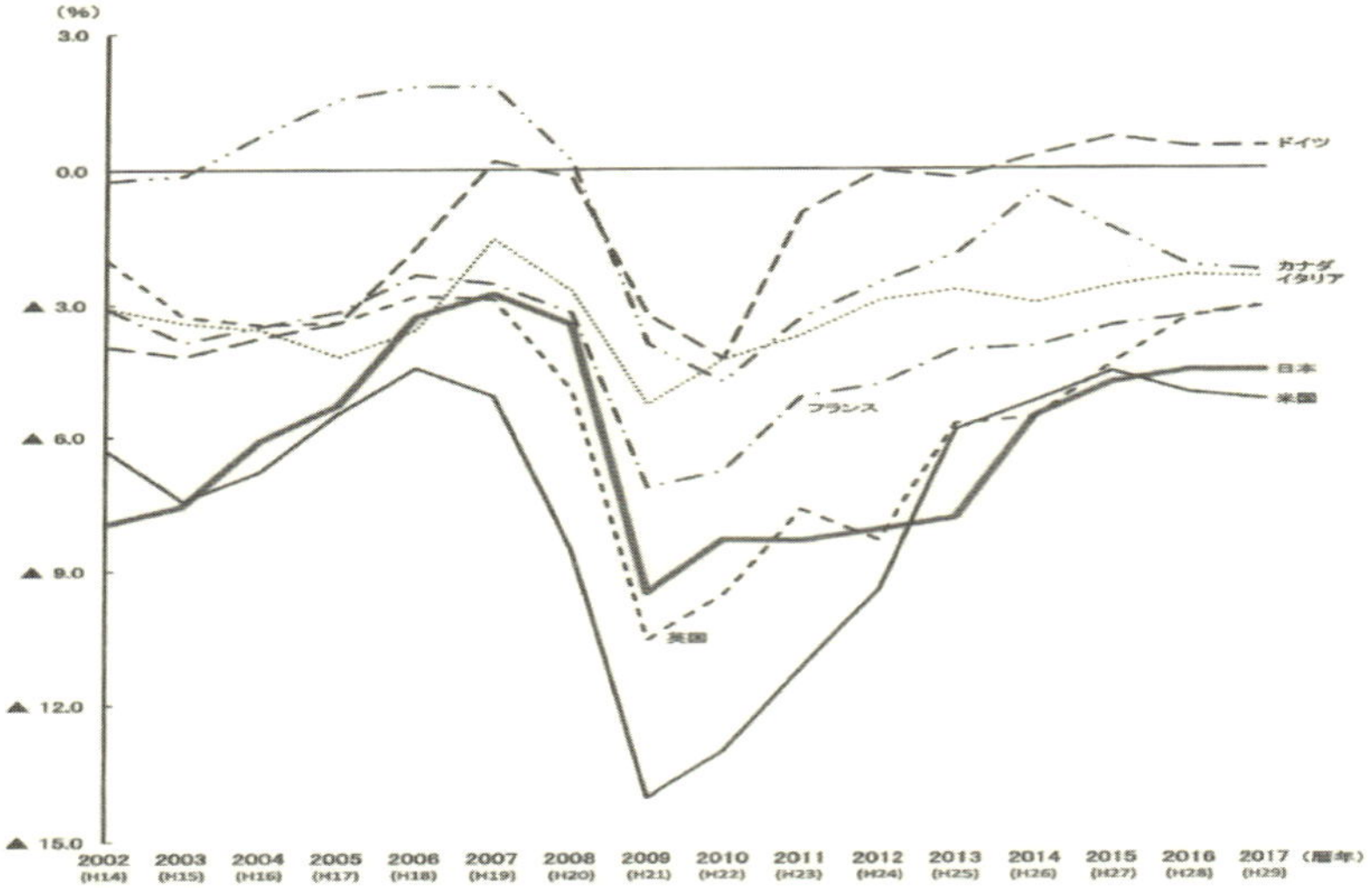

（出典） OECD "Economic Outlook 100"(2016年11月)
（注1） 数値は一般政府（中央政府、地方政府、社会保障基金を合わせたもの）ベース。ただし、日本及び米国は社会保障基金を除いた値。
（注2） 日本については、単年度限りの特殊要因を除いた値。
（注3） 日本及びドイツは2015年以降、それ以外の国々は2016年以降が推計値。

図表２■債務残高

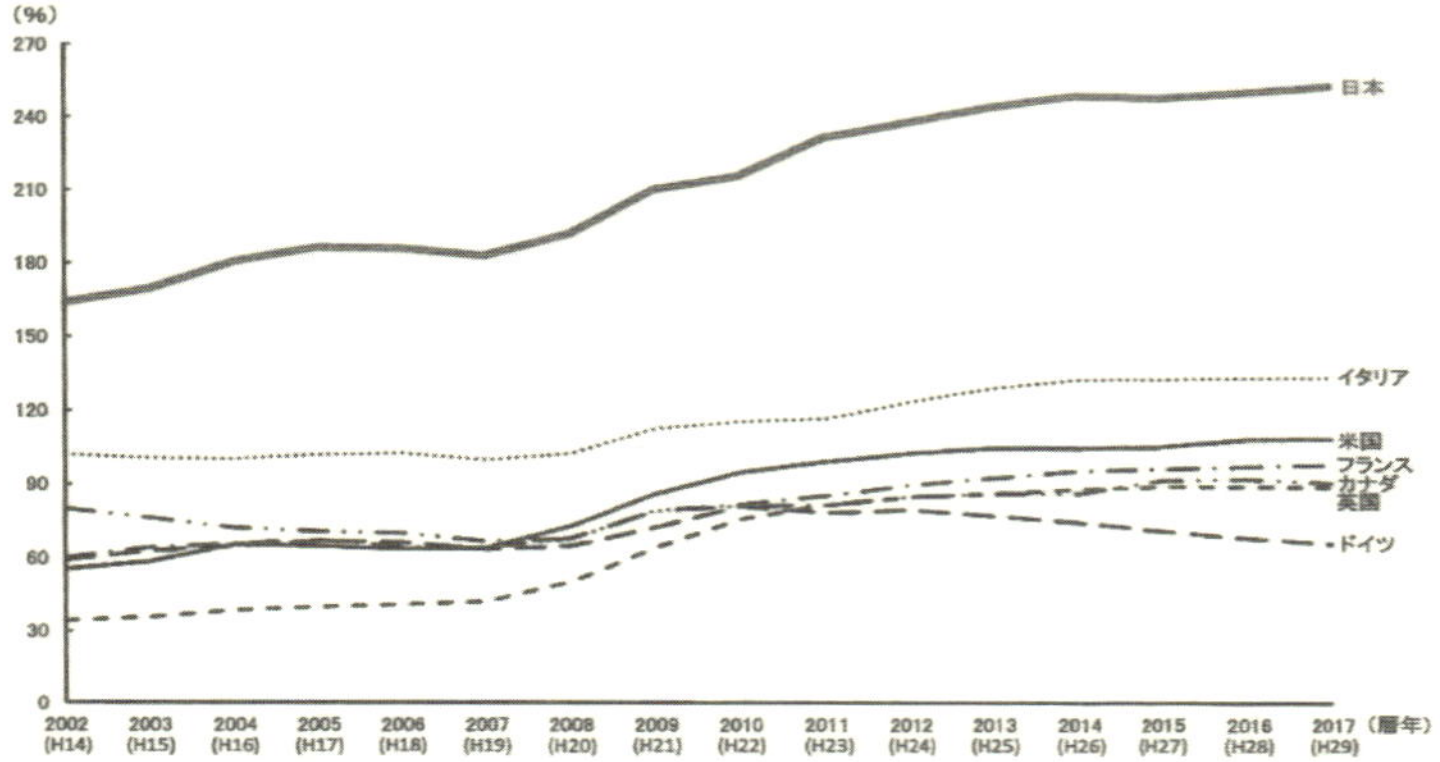

も早晩倒産や破産は当たり前のことです。国家財政で言えば、借金の限度は税収による歳入の三～五倍であり、今日の国債による負債はそれをはるかに超えていて限界であると言えます。

楽観論を言う政治家や学者は、国債残高一〇三五兆円が、民間の金融資産一七〇八兆円を下回っており、しかも国債の外国人保有者は少ないので安全と主張しています。しかし、国民の家計の金融資産と政府債務の差は一九九〇年三八一兆円から二〇一七年度には二七六兆円と年々債務超過が増え続けています。そのような状況で、毎年の財政収支（税収＋税外収入－国債の元本と利息の合計）のプライマリーバランスを、プラスにしていくことは、果たして今後可能なのでしょうか？

安倍政権では二〇一八年度のプライマリーバランス赤字のＧＤＰ比を一％程度にすることを目標に掲げ、二〇二〇年度に黒字にするとしていますが、果たして実現するものかどうか怪しいものです。東南アジアや中国の成長に伴って、我が国の経済も潤っているものの、我が国の労働人口の減少と超高齢化による生産性の低下を考えると、経済の低成長、ＧＤＰの減少を考えておかねばなりません。そうした状況を踏まえ、税収を増大していくためには、以下のような方策が考えられます。

①大企業に対する租税特別措置法を漸減
②大企業の税金逃れ、脱税に厳罰処分
③大企業の過剰な利益剰余金への課税
④貧富の格差増大是正のための高額所得者累進課税の大幅見直し
⑤個人の資産格差増大是正のための資産課税の大幅見直し
⑥支出削減のため、補正予算・復活予算を大幅削減
⑦各省庁の年度予算の決算チェック、効果のチェックと未消化分を削減
⑧社会保障制度のうち生活保護は現金支給から現物支給へ
⑨企業定年制の廃止と年金支給を原則七十歳から、現役並みの収入のある人は減額
⑩公務員の大幅削減と一部民間委託へ
⑪生涯現役で働く人を増やせば病気や介護も減り、収入で年金の不足を補い、税収も増加
⑫医療費削減のために入院外来とも出来高払いから包括払いにして無駄な手術・

図表３■特別会計

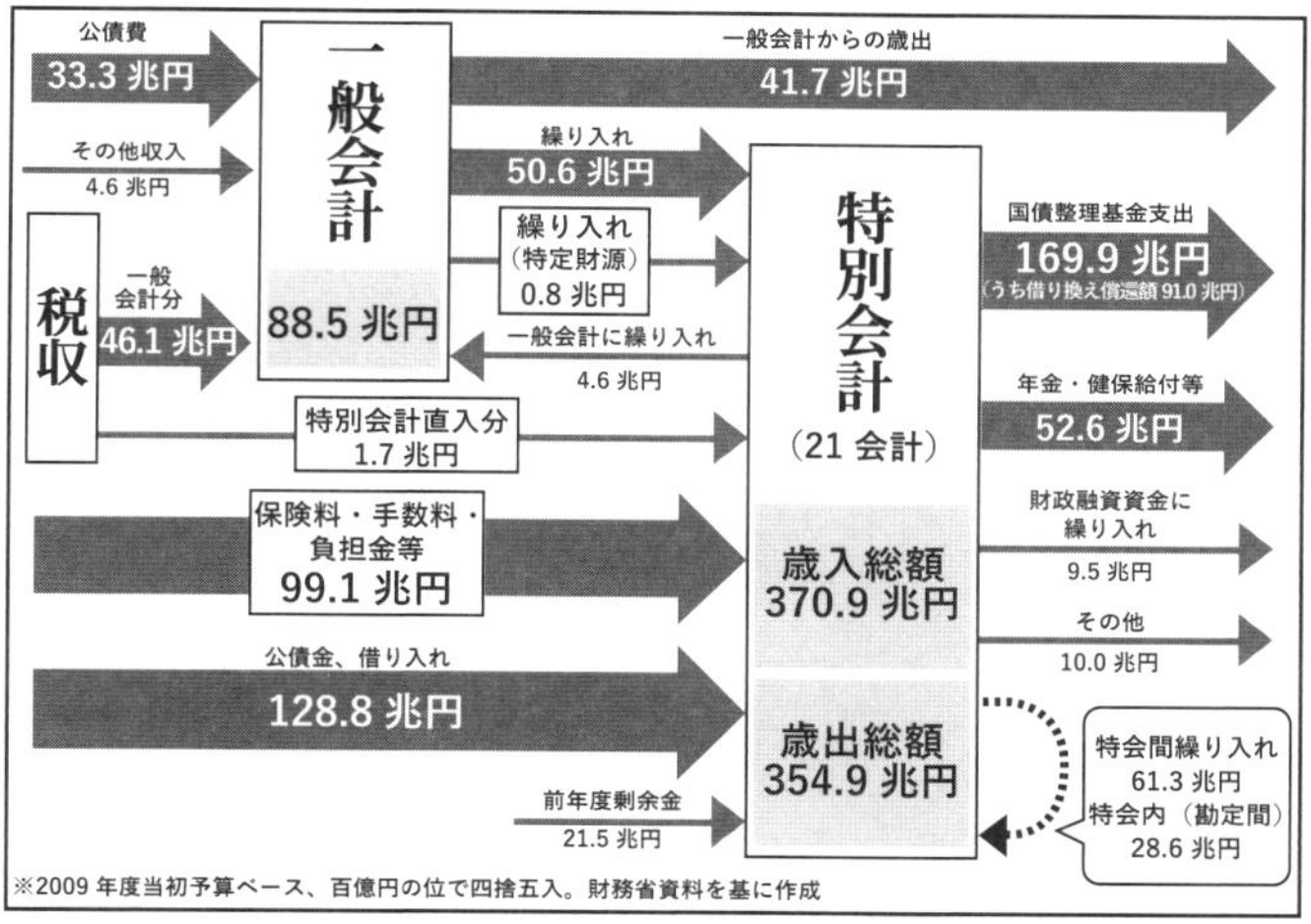

検査・薬を削減

⑬介護保険適用患者で遠隔地の個別訪問を減らすため集合住宅への転居を促す

⑭医療・介護とも予防面に大きく転換し予算措置を講じる

以上の方策を実施しても、財政収支が大幅に改善されなければ、今後増大一方の医療介護費用に対応できるように、西欧や北欧並みに消費税二〇〜二五%にすることも考えておくべきです。国民が安心して生活できるためには、そろそろ米国型の福祉の低負担から、北欧型の高負担へと徐々に転換すべきではないでしょうか？　要は、社会保障制度、各種バラマキの各種補助金、地方自治体への税の再配分など、国民の痛みを伴う大幅な見直しを図る必要があります。老後の不安から、若いときから貯蓄に励み使わないのは、いわゆる政治不信・国家不信から来るもので、経済の循環のうえからも好ましくありません。

また、特別会計（図表3）については、各種団体・公団・公社・特殊法人など、天下りの巣となっていて問題であるだけでなく、元金に対して利益を損なわずに運用されているのかチェックすることも必要です。各省庁の年度予算が国会で決まると、何とか年度内で消化して無駄に使い切ろうとします。この点は、ほとんど国民に知らされないのは、大きな問題です。

❁ 国家としての損益計算書と貸借対照表

我が国は、戦後めざましい高度経済成長を成し遂げて来たものの、その後バブル経済が破綻し、失われた二十年を経て、安倍政権の元、ある程度持続的な経済成長を続けています。企業経営においても、時として経営の浮き沈みはあるものの、持続的成長を目指す勝ち残り経営では、常に財務内容において毎年の事業の収支が黒字となる努力が必要です。赤字になっても、貸借対照表上での純資産の範囲内で穴埋めを行い、健全財政をしていかねばなりません。

その面で言えば、国家の財政は、まずは国内の歳入歳出（図表４）で黒字にすべきですが、長期的に収支が赤字で穴埋めに国債（国民への借金）をたれ流しています。国債の保有者は、国内が多いからといって安心してはならず、もしギリシアやイタリアのように、他国の保有が進む場合は、危険極まりないと言えます。

一方、我が国の国際的なポジションを考えると、毎年の貿易収支・サービス収支などの経常収支の黒字を、持続的に保ってゆく努力が必要です（図表５）。さもないと、資産を食いつぶしてゆくことになり、黒字の回復は難しくなります。我が国は、売り物となる天然資源は少ないため、産業を支える資源を海外から輸入し、それを加工し、付加価値をつけて利益を得て成り立っている国です。観光や金融収支も大切ですが、海外で稼ぐ貿易収支、所得収支を含め、経常収支を収支の大黒柱としなければなりません。

図表4■歳入と歳出

一般会計歳入

（単位:億円）

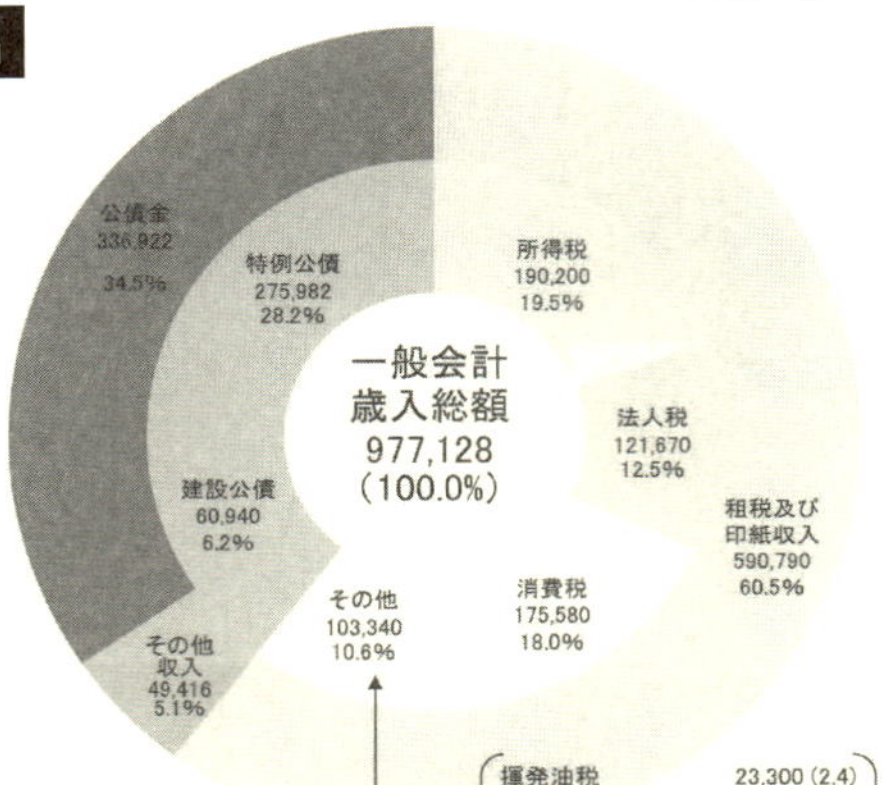

揮発油税	23,300 (2.4)
酒税	13,110 (1.3)
相続税	22,400 (2.3)
たばこ税	8,740 (0.9)
関税	10,220 (1.0)
石油石炭税	7,090 (0.7)
自動車重量税	3,950 (0.4)
その他税収	3,990 (0.4)
印紙収入	10,540 (1.1)

（注1）計数については、それぞれ四捨五入によっているので、端数において合計とは合致しないものがある。
（注2）一般歳出※における社会保障関係費の割合は56.0%。

一般会計歳出

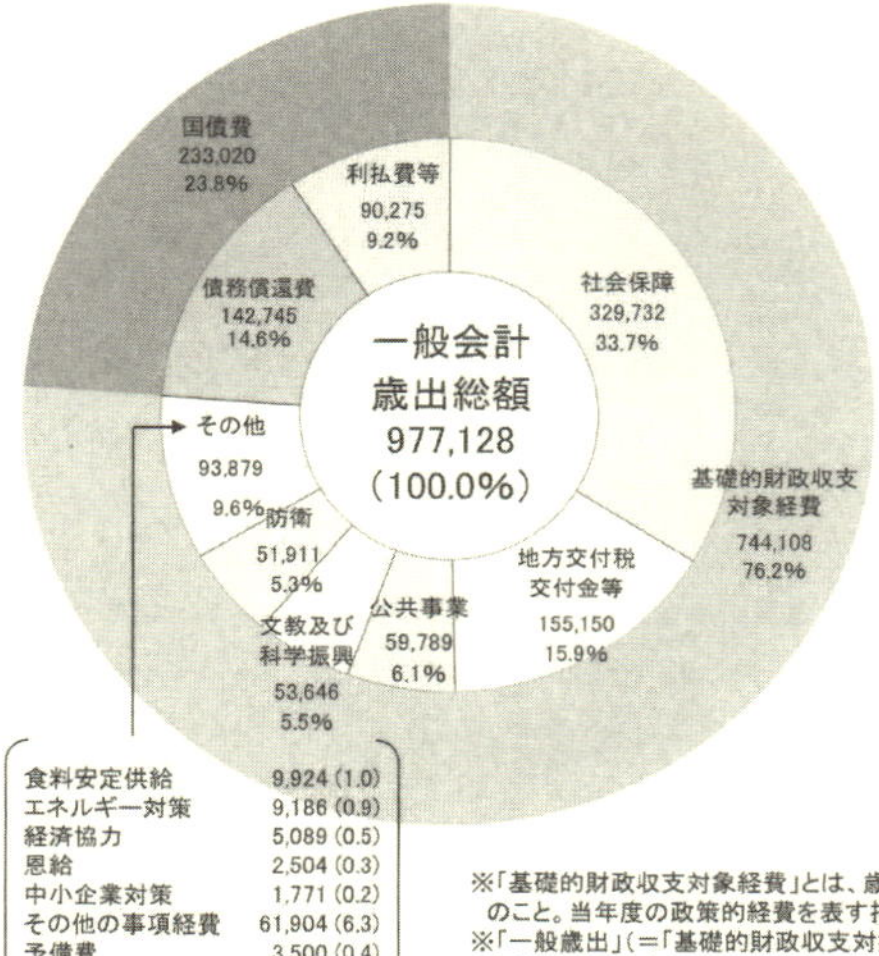

※「基礎的財政収支対象経費」とは、歳出のうち国債費を除いた経費のこと。当年度の政策的経費を表す指標。
※「一般歳出」（=「基礎的財政収支対象経費」から「地方交付税交付金等」を除いたもの）は、588,958（60.3%）

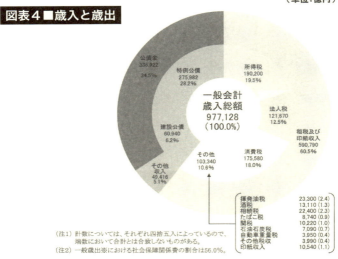

図表５■経常支出の推移

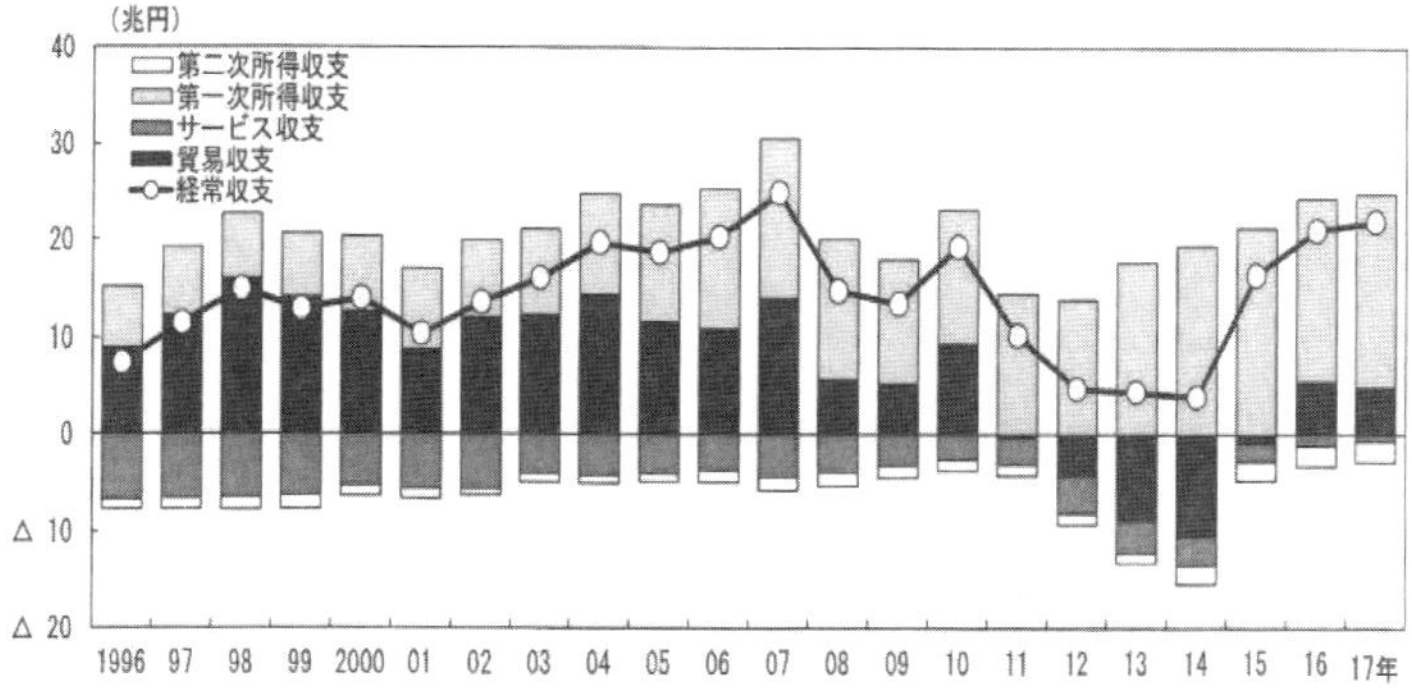

❀ 富の再分配と税制の見直し

バブル崩壊により、一億総中流意識が終焉し、失われた二十年を経て、所得格差が拡大し、勝ち組と負け組の二分化が進行しています。所得分配の不公平さを表すジニ係数は〇・二四で世界二十一位と、格差の広がりは明らかになっています。また、中間層の意識の上でも、自分は「中の上」と言う人は七・七％、「中の中」という人は六〇・三％、「中の下」という人は二一・一％と、かなり下にシフトしています。やはり、分厚い中間層が減ると、社会的に不公平感が増大し、社会そのものも不安定化してきます。

そこで、所得格差・資産格差の是正が必要となってきます。所得格差は、さまざまな歪みを引き起こします。国民の質やレベルの向上のためには、小さい時からの教育が重要ですが、所得格差が教育格を生み出しています。これは、向上心や学力の差となって現れます。偏差値の高い大学の試験合格率をみても所得の高い家庭の子どもが多いことからも証明されており、これは当然その後の就職や人生にも大きく影響してきます。

また、貧困家庭の子どもは、教育費のみならず食費に不十分で、食事を十分に食べられないケースも珍しくなくなってきました。しかも、食べられても、手間のかかる総菜や魚などの家庭料理ではなく、添加物の多い加工食品や安い揚げ物と言った食品が多く、栄養的にも偏りがちです。

さらに、所得格差は、少子化にも拍車をかけます。子どもを生み育てるには、成人するまでの生活費や教育費は相当な負担であり、一人でも大変なのに、二人、三人と育てることは困難です。将来の所得向上は望めない状況では、当然一人っ子世帯が増えることになります。そして、子どもを作らないだけでなく、結婚もしない独身者も増え、少子化の大きな原因となってきているのです。

消費税は上がる一方ですが、消費税は所得の如何にかかわらず均等に課税されるため、低所得者ほど負担は重くなります。また、その運営・調整などは複雑となりコストもかかるので、消費税そのものは考え直し、今後廃止する方向も検討した方がいいと考えます。財源としては、高額所得者に対する累進課税の見直しにより、所得を再分配することです。また、「同一労働同一賃金」にすることは絶対必要です。

お金は天下の回りもので、高所得者の資産は、もちろんは本人の能力と努力、そして運などがありますが、親の力と家庭環境によるものも大きくあります。また、結局は、人を使い活用利用して得た資産ですから、他の人々への適正な還元することも必要です。こうして、生活保護や教育保障は、全て税金で、医療・介護保障は税金と保険で賄うことが大切だと考えます。

❀ 真の働き方改革を考える

働き方改革法案が、二〇一八年六月に成立し、二〇一九年四月に施行されました。その骨子として三つの観点から提案されています。

①総合的かつ継続的な推進
②長時間労働の是正と多様で柔軟な働き方の実現
③雇用形態に関わらない公正な処遇の確保

我が国の美徳として、働くとは「端を楽にする」という伝統的感覚があります。そのため、西欧のような長期間の休暇を取ることに、違和感を持つ人もいます。それなのに、二〇一九年の天皇陛下の退位に合わせて十連休にすることは、働かないことを強制する、働かせない法律のようにも思え、勤勉の精神が衰えることを心配をする人もいます。

確かに、肉体労働や変化の少ないパターン化された仕事に対しては、ある程度は休むことも必要です。また、今日は労働力不足で、ブラック企業の悪評などもあり、人材の確保が難しくなってきています。

働くことは、人間の成長を促し、自己実現の道が開けるという素晴らしい面があります。そして、時には決められた労働時間にとらわれず、時間を忘れ無我夢中の努力が実り、ベンチャー企業も生まれてくるものです。積極的な労働があってこそ、企業や社会は、活力あるものになるのです。

西欧キリスト教文化では、神との契約を破って禁断の木の実を食べたアダムとイブが楽園から追放され労働という罰を与えられたとする労働観です。そのため、できれば労働から逃れて、できるだけ長期のバカンスを取りたいと考えています。

これに対して、日本人の多くは、いわゆる「労働」ではなく「仕事」として愛し、「仕事」を通じて自分を磨くのが人の道であるという労道観です。働くことを、単に生計を成り立たせるその手段としがちな西欧の働く価値観とは、大きく異なっていると思います。

一律に法律で縛ることは、活力ある企業の自由を奪い、官僚の支配を強めることにはならないでしょうか。その面から見ると、企業や官公庁の六〇～六五歳定年制は、残酷なものという気がします。まだ働ける、働きたいのに、一方的に退職に追い込まれた人たちは、その六割ほどが仕事にも就かず、「毎日が日曜日」となっています。心も体も弛緩してしまい、やり甲斐や、生き甲斐のある仕事や社会への関わりや役割から遠ざかることは、体調を崩すことにもつながります。早くから医療や介護のお世話となり、ますます健康寿命を短くしてしまいます。

もちろん、肉体労働や単純作業では、時間制限など働き方に条件を課すことは必要ですが、創造的なベンチャー分野では、本人の自由意志に任せることで、物事の神髄を極めることができ、真の自己実現の道も開かれていくものです。

我が国の少子高齢化がさらに進む中、労働力不足に対応しつつ、人生百歳時代にふさわしい社会の活力を保つために、六十五歳以上の高齢者が肉体労働ではなく尊厳をもって働ける働く場を作ってゆかねばなりません。

いまこそ、我が国の活性化と発展のために、「働かせない改革」「働きたくない改革」から、真の「働きたい改革」を考えるべき時ではないでしょうか？

❁日本版カジノは不要。相続税は強化すべし

我が国は、すでに公営の競馬・競輪・オートレース・ボートレースに加え、パチンコなど花盛りで、それにのめり込む若者や女性も増えています。生活の基盤づくりを忘れ、利那的な遊興に浮き身をやつして、往々にして依存症になったり、身を持ち崩したりします。

インバウンドの外国人客や一部の賭け事を好む人たちを相手に、自治体の稼ぐ手段として安易に考えて良いはずはありません。導入を目指す政治家のレベルが推し量られます。これ以上、ギャンブルを増やす必要はありません。

また、財産相続についてですが、親の作った財産は、親のもので、親の権利です。本来は子どもには何の権利もないと考えるのが自然だと思います。そこで、六十五歳以上の同世代へ、財産の三〇％を拠出してもらい、残りは五〇％を連れ合いに、二〇％を親族に配分することを提案します。親から受け継いだ財産にせよ、自らが築いた財産にせよ、当人たちが努力して築いたことは確かではありますが、それは他の人たちを相手に、あるいはその上に乗って、そのお蔭で財産が築けたのですから、財産を築けなかった仲間たちも喜び合えるお陰様の心を大切にしていけたらと考えています。

第6章

産業・開発の進むべき方向

❁ 第一次産業のあり方

日本の国土は六七％が森林という自然に恵まれ、水質の高い河川にも恵まれています。また、周囲を海に囲まれ、排他的経済水域を国土とすれば、世界第五位の領土を持つ島国です。そこから得られる恵みの食糧は、体を作る基本であり、さらに、国から見れば、国民を飢えから守り病気を予防し、生き生きと活動するエネルギーの基本であり、国家の安全保障上、最も重要な要素といえます。

我が国は、縄文時代から、木の実や山菜、狩猟では鹿・猪・兎などの小動物、そして魚介類を採取して暮らし、弥生時代に入り、大陸文化が入り、米の栽培が全国的に広がり食生活の主食となり今日に至っています。とくに、米の収穫には、森羅万象を司る神々とともに、その収穫を国民の宝として尊んで来た伝統があります。宮中でも、新嘗祭として最高の祭事として執り行われています。

第一次産業としての農・漁・林業は、単に産業としてだけではなく、我が国の豊かな自然環境を守るためにも大きな役割を果たしています。また、人間だけではなく、多様な生命を育む大切な役割もあります。そして、大きく考えれば国の安全保障にもつながる大きな産業です。

より多くの生産や効率を考えるあまり、営利を優先して株主に配当する株式会社の参入は、厳しくチェックすべきであり、むしろ、ＮＰＯや生活協同組合、公益の社団・財団・公社などが関わることが望ましいと考えます。

❀ 食と農の重要性

我が国の農業は、自然界の全てが有機的に関わり合い助け合う循環性の素晴らしさを体験的に理解しています。また、長年の歴史のなかで、発酵による酵素や菌類の作用を生かし、栄養バランスにも優れた「食と農」を育んできました。

しかしながら、現代に至り、文明が引き起こす自然破壊、地球温暖化、世界経済などの様々な影響により、我が国の農林水産業は、かつてのこうした豊かさを失いつつあるのが現状です。食は生命の基本であり、体づくりの基本でもあります。しかし、食糧自給率は、昭和四〇年度には七三％もありましたが、平成二九年度には三八％（カロリーベース）と低下の一途をたどり、世界有数の食糧輸入国となってしまいました。

しかも、二〇一七年、主要農作物種子法の廃止法案を、モリカケ騒動のドサクサに紛れて一挙に成立し、二〇一八年四月から施行してしまいました。この法律は、一九五二年に成立し、戦後の食糧難にあえぐ日本の食糧安全保障として、米・麦・大豆などの種子の安定的生産と普及を担ってきた法律です。日米合同委員会の強要に沿って、米国に押し切られてしまった形です。このまま行くと、我が国の食糧自給率は一四%にまで下がると予想されています。

もっとも、食糧自給率の議論の前に、まずやるべきことは、食の安全確保を死守することであると考えます。多量生産、効率化や貿易政策のために、車を中心とした工業製品輸出増との相対取引で、農産物の輸入増大、農業基準緩和、農産物や食品添加物などが影響し、このような不都合が発生しています。それに輪をかけて、産業としての魅力に欠ける減反政策により、休耕田への補助金の支給や、鹿・猪・猿・熊などによる獣害もあり、耕作放棄地が広がっています。

図表6■農薬使用量

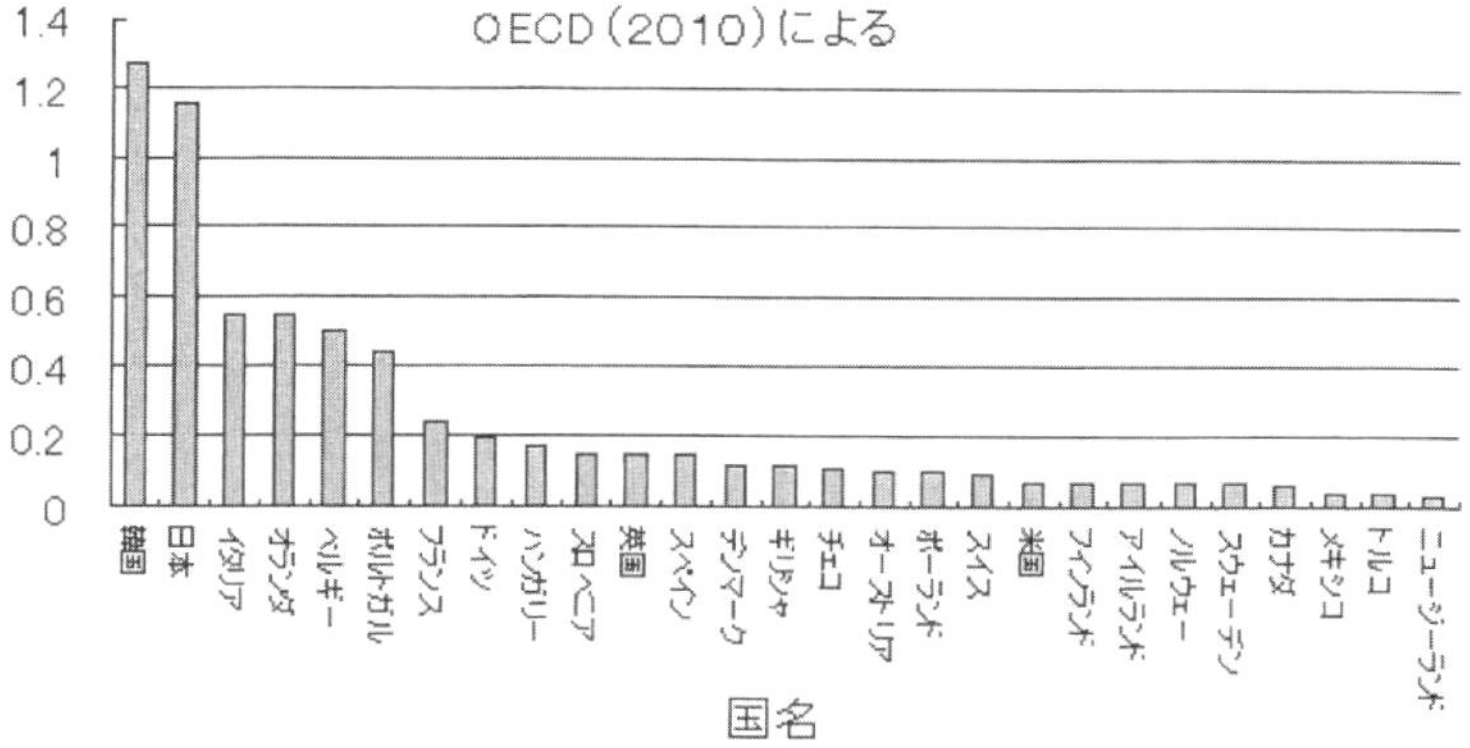

❁ 農薬と遺伝子組み替え問題

また、日本は、農薬使用量が韓国と並んで異常に高く(図表6)、米国では用いられない殺虫剤・除草剤・殺菌剤・防黴剤(ぼうばいざい)などの農薬が使われています。米国では使用許可が出ていないモンサントの農薬スルホキサフロルを、二〇一七年に日本はなんと輸入を許可してしまいました。ネオニコチノイド系の農薬で、ミツバチに毒性があり、その大量失踪の原因と考えられているものです。また、殺虫剤クロルピリホスや除草剤ランドアップを使うと、モンサントの遺伝子組み替えの種子を使用せざるを得ない形になっており、日本の農業は、モンサントに支配されているも同然の状況です。

米国モンサント社は、遺伝子組み替え作物の九〇%のシェアを持ち、ベトナム戦争で用いられた枯葉剤の開発会社です。植物の成長ホルモン除草剤の開発や、遺伝子組み替え（GM）を積極的に行って来ました。実は、モンサントの遺伝子組み替え食品を世界一使用しているのは日本とも言われています。遺伝子組み替え食品は、フランスでマウスにGMトウモロコシを与えた結果、がんや内臓障害が起こり、その多くが死亡しているという結果も出ています。

こうしたことと、我が国で乳幼児のアトピー・ぜん息・多動症・引きこもりなどが多いことは無関係ではありません。若者の精子減にも影響していると考えられます。米国ではがん患者は減少しているというのに、日本では、生活習慣病やがん患者が増えているのです。

イスラエルは、国土の半分は砂漠ですが、農産物の自給に成功しており、輸出までしています。また、オランダは、日本と同じくらい農薬を使用していましたが、一五年間で半分に減らしました。日本もヨーロッパ並に食品添加物・農薬・肥料や遺伝子組替えなど、農産物に厳しい規制をすべきです。我が国は「和食」の優れた食文化の伝統があり、ユネスコの無形文化遺産にも登録されて高い評価を受けており、日本は、食と農の分野でも、リーダーショップをとっていきたいものです。

❀ 六次産業化で活性化を

我が国が先進国のなかで、世界一の寿命を実現したのは、自然環境の豊かさと、それに基づく新鮮な魚介類や発酵食品などを中心とした健康な食生活によるところが大きいといえます。しかし、欧米の食生活の影響で、魚介類や発酵食品の消費量が減り、肉類や脂肪分の多い食品の消費が増え、現在に至っています。そして、漁業については、マイクロプラスチック・原子力の排水・河川からの汚染水などにより、安全な魚介類の摂取も危ぶまれている状況です。

我が国は、国連海洋法条約による二百海里水域という広大な漁業管理水域を有しています。食糧の安全保障のためにも、この権利は死守するとともに、海洋牧場を開発するなど、漁業畜産技術を強力に開発・推進し、世界的な魚の食糧資源争奪戦に備えて、魚の食糧自給率を高めて行く必要があると思います。

こうした第一次産業は、国民生活の最重要課題として、戦略的な取り組みを行い、工業化、ＩＴ化などで効率化を行い、生産技術開発や加工技術開発に力を入れるべきでしょう。その意味では、国が押し進めている農商工等連携促進法や通称「六次産業化法」は有効だと思います。

農商工等連携促進法は、二〇〇八年に制定され、農林漁業（一次産業）が、中小企業など他産業との連携を促進することにより、地域経済を活性化させようとするものでした。その後、二〇一一年には「六次産業化法」が施行され、農林漁業者（一次産業）が、生産物の元々ある価値をさらに高め、それによって農林漁業者の所得を向上していくことを狙いとしています。生産物の価値を上げるため、農林漁業者が、その生産だけでなく、自ら食品加工（二次産業）や流通・販売（三次産業）にも取り組み、１×２×３＝６次産業として相乗効果をうみ出し、農林水産業を活性化させようとするものです。これらのアプローチが、若者たちを含め広い層に認知・浸透し、多くの地域や業種に広がることは大きな意味があると期待しています。

なお、我が国の文化には、物を大切に使い、何事でも「もったいない」とする精神があります。水が豊富な我が国にあっても、農家は泥を落とすために野菜を洗うときにも、米を研いだ残り水を使ったり、その水を庭や畑にまいたりします。

しかしながら、いまや我が国においても、年間の食品廃棄量は食糧消費全体の三割に当たる二八〇〇万トン。食べ残しは六三二万トンに上るといいます。世界の食糧援助量は三二〇万トンだそうですから、それを遥かに上回ります。「もったいない」の精神は、一体どこに行ってしまったのでしょうか？ さまざまなコストの問題はあるでしょうが、この食べ残しを加工食品にして、飢餓に悩む諸国に提供することはできないものかと考えたいものです。

❁ 日本独自の技術開発を

企業経営では、トップや役員たちは、企業の特質として、ロマンやビジョンを共有して外部へ展開していくのであって、それは、他者の模倣や単に利益を上げる手段として企業経営をしているのではありません。いわば、かけがえのない本当の自己実現であり、「桃栗三年柿八年」、成就するまでには、それ相応の時間が

図表７■論文数の推移

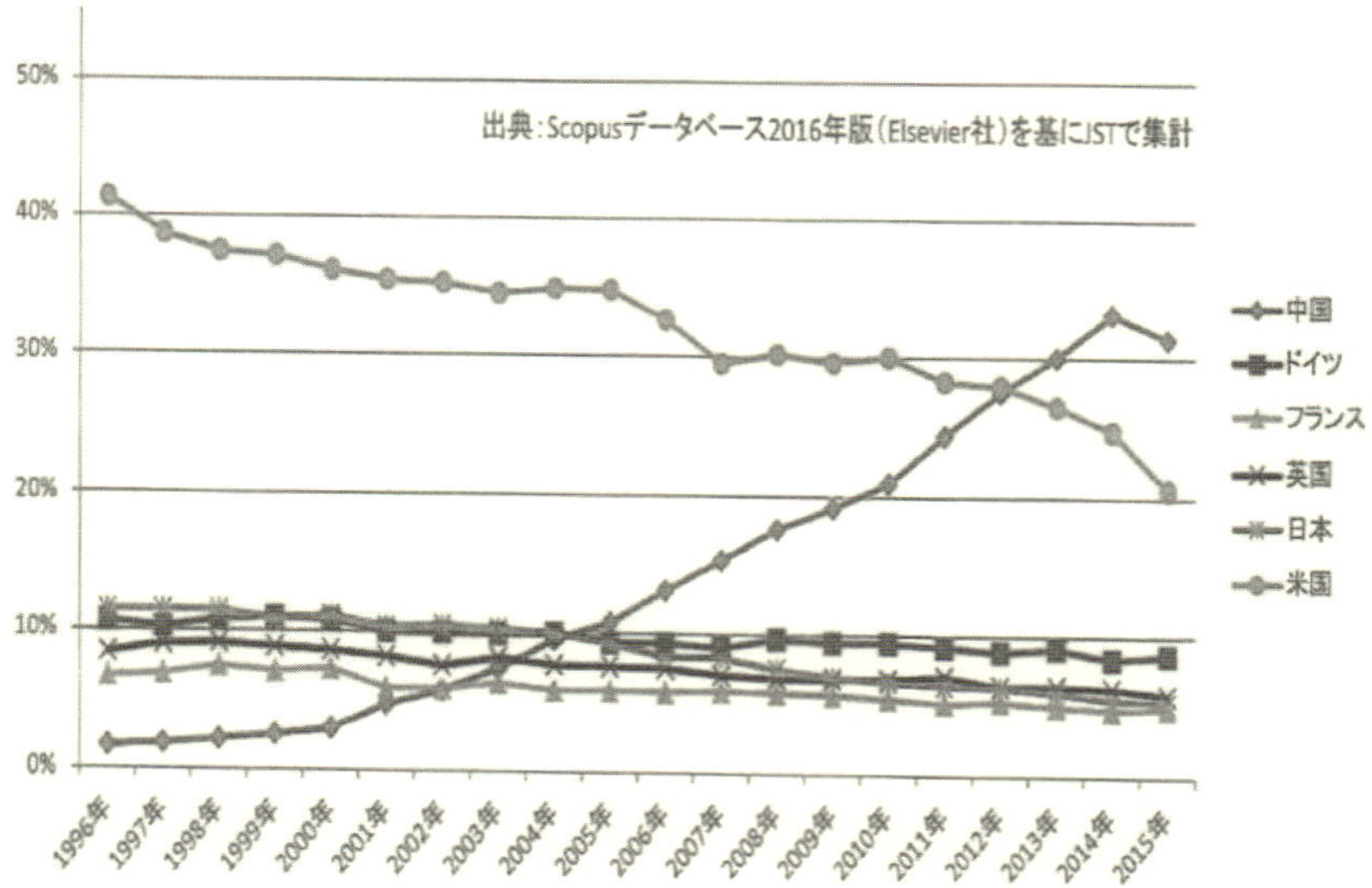

かかり、地道な努力が必要です。それにしても近年得意としていた技術開発が、米国や中国に対して大幅に遅れを取っていることに対して、何とか盛り返してゆかねばなりません（図表7）。

我が国の目指す国家経営戦略も、日本人らしさの自己実現とそれに沿った地道な努力の積み重ねです。戦略とは、他者との戦いではなく、自分との戦いです。では、日本人らしさとは何でしょうか。それは、人から疎まれ恨まれるのではなく、日本人の心のＤＮＡとして、人のお役に立ち、人から喜ばれ、人から感謝され、尊敬されることです。一人占めせず、分かち合い、助けあい、ともに生かし合い共感する仲間づくりです。

また、日本人は、良いと思う技術や文化を果敢に取り入れ、それを自らのものとして消化し、独自の文化を作り出し、今日の技術立国を築き上げてきました。日本人には、きめ細やかさや繊細さ、手先の器用さがあり、そして改善改良の工夫が得意です。西欧は、全く新しい技術開発（プロダクトエンジニアリング）が得意と言えますが、日本人はその新しい技術に、さらに改善改良し磨きをかける技術（プロセスエンジニアリング）が得意で、オリジナルを越えた独自性を生み出しています。そうしたDNAや気質・気風を生かし、日本は、ナンバーワンよりオンリーワンを目指すべきでしょう。

❀ 海洋開発は狙い目

我が国は、四方を海に囲まれた島国で、陸地面積はタイに次ぐ世界第六一位ではありますが、領海（引き潮時の海岸線から一二カイリ／約二二キロメートルまで）

と排他的経済水域（ＥＥＺ／二百カイリ／約三七〇キロメートルまで）の面積では、世界第五位の海洋大国であり、この水域をしっかりと守り、最大限生かすことが無資源国から資源大国へ将来の発展を約束してくれます。

海洋資源は、大きく水産資源と海底資源に分かれます。水産資源は、中国・韓国・台湾・ロシアなどが、我が国のＥＥＺを脅かすほか、世界的に魚の消費量が急増するなど、最近では水産資源の減少・枯渇が心配されています。

これに対し、我が国はしっかりと権益を守るとともに、他国とも協力して資源の保護や枯渇への対応を協議してゆく必要があります。また、領海内に海洋牧場を作り、肉から魚の文化が見直されている折から、魚類の育成・輸出を積極的に行っていく必要があります。また、栄養豊富な海藻などの水産物も養殖・加工するほか、サプリメントとしても活用・開発し、あわせて輸出していくことも有効だと思います。

次に海底資源ですが、我が国は陸地内だけ見れば資源小国ですが、ＥＺＺ内の海底資源は、熱水鉱床として鉄・亜鉛・コバルトなどのベースメタルだけでなく、希少金属（レアメタル）の宝庫でもあり、それらの多くが未開発となっています。

この眠れる資源を、他国に干渉されないうちに、国をあげて開発を急ぐ必要があります。また、海底四千～六千メートルの深海にはマンガン団塊が眠っており、これも眠らせておくことはありません。早急に開発を行うことで、資源の輸出だけでなく、採取のノウハウも得ることで、海外への技術輸出も可能となります。

なお、海洋資源のなかで、近年注目されているのが、メタンハイドレートです。メタンハイドレートは、水分子とメタンが結合し、シャーベット状になったもので、化石燃料ですが、燃やしても二酸化炭素の発生量は石油・石炭のおよそ半分というメリットがあります。

主に水深四百～七百メートルの大陸棚に存在し、日本周辺では、南海トラフや日本海陸側斜面に広く分布。我が国のエネルギーの百～百二十年分が眠っていると推測されています。我が国は、原子力発電の多くが停止しているため、石油・石炭や液化天然ガスの輸入に頼っており、対外貿易収支の赤字の原因にもなっています。早期の開発・商用化が望まれます。

なお、産油国が石油化学製品も自国で生産するようになってきているため、安価で安定したエネルギーの確保のみならず、炭素繊維ならびに複合材、液晶光学、電子用のファイン材料、活性炭及び吸着材などのガスケミカル製品を製造することにも注目していく必要があります。

そして我が国が主体となって開発できる分野では、米国などと共同技術開発として進めていくのがよいでしょう。具体的には、工業分野では航空機・ロケット・艦船のなどの開発は、米国がアポロ計画で成功させた手法を採用するのが有効です。また、エネルギー分野では、統合型溶融塩高速炉（ＩＭＡＦＲ）や地熱の活用、環境分野では、地球温暖化対策や、地震・津波対策、さらに海を利用した食糧開発なども、成果を産みやすい分野でしょう。

第7章 福祉・医療を考える

☸ 生活保護は現物給付で

福祉は命を守り、生活をし続けてゆくために、どうしても自身で対応できないハンディキャップを負っている人たちのためにあります。

企業には、企業福祉として社会保障への参加、すなわち年金・健康保険・介護保険・失業保険がありますが、福利厚生は企業の都合で行われ、従業員の権利とは異なります。国の福祉制度も、それを受ける当然の権利という考えではなく、できるだけ自立するチャンスを努力して見い出し、お互い助け合う「共助」により、尊厳ある生活を営むことが望ましいといえます。

国家は、真に福祉を必要とする者に対しては、生活の保障を行うことは義務であるといえますが、手厚過ぎる社会保障は、ともすると依存症を作り出すリスクもあります。

例えば、年を追う毎に生活保護世帯数は増え続けています（図表8）が、生活保護者がパチンコ屋に入り浸り、競輪に通い、飲酒に浸るなどを繰り返すために、ある自治体が保護費を制限する旨を勧告したところ、国の省庁から越権行為とし

図表8■生活保護世帯数の推移

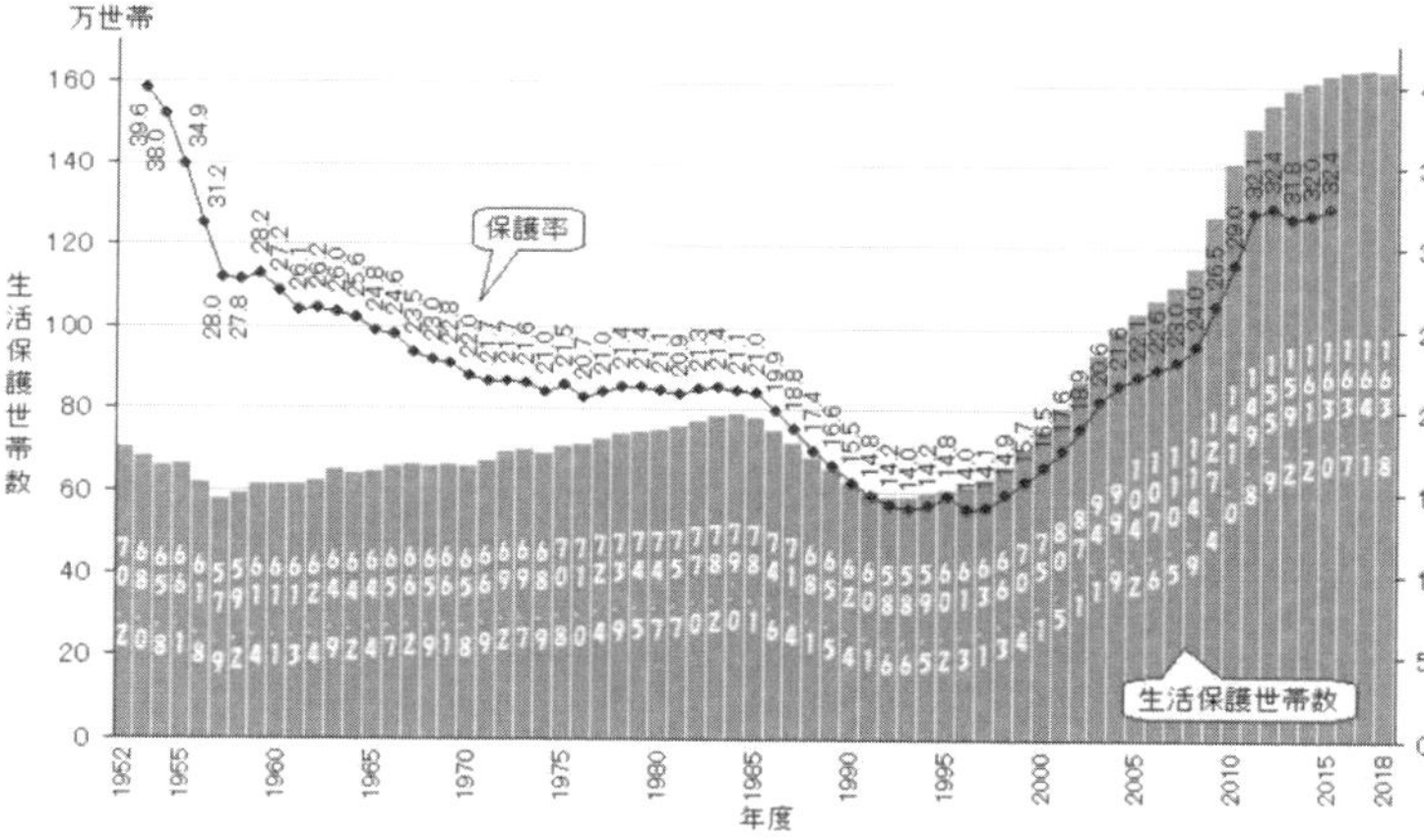

（注）年度の1か月平均。保護率は社人研「「生活保護」公的統計データ一覧」。2018年度は11月までの平均
（資料）厚生労働省「被保護者調査」（前「社会福祉行政業務報告（福祉行政報告例）」）

て指摘されたことがあったそうです。
また、生活習慣病で障害者手帳を持っていた人が、さまざまな特典を得ながら、外車を乗り回し、果てはバーやクラブで飲み歩いていた例もあったそうです。

そのため、生活保護については、現金給付から現物給付にすべきであると考えます。具体的には、トイレ・洗面所付のワンルーム程度の住居・医療・介護と三食を支給する形にするのです。

現金で給付すると、親族がそのおすそ分けに預かったり、悪徳商売の餌食になったり、果ては高利貸しの罠にはまったりすることもあるので、それを防ぐためのアイデアです。また、現状の生活保護は五～六万円の基礎年金しかもらえず、ギリギリに切りつめて生活している人とのギャップは大きく、不公平に思えます。杓子定規に制度で縛るのではなく、柔軟な対応も必要でしょう。

今の生活保護制度のままでは、少しでも収入が得られると、保護費が減額、あるいは受けられなくなるので、損得を考え働くのを止めてしまうといった弊害があります。そこで、自立を促すために、一定期間、例えば三年程度、稼いだ所得から一定額を預金させ、その収入が続けられる見通しがついた時点で、生活保護を打ち切り、預金したお金を支度金として人生の再スタートをしてもらう形が望ましいと思います。

❁ 待ったなしの社会保障制度改革

我が国は、いまや世界に冠たる長寿の国で、二〇一六年の平均寿命は、女性八七・一四歳、男性八六・九六歳で、世界最高水準にあります。これは素晴らしい

図表9■人口の推移

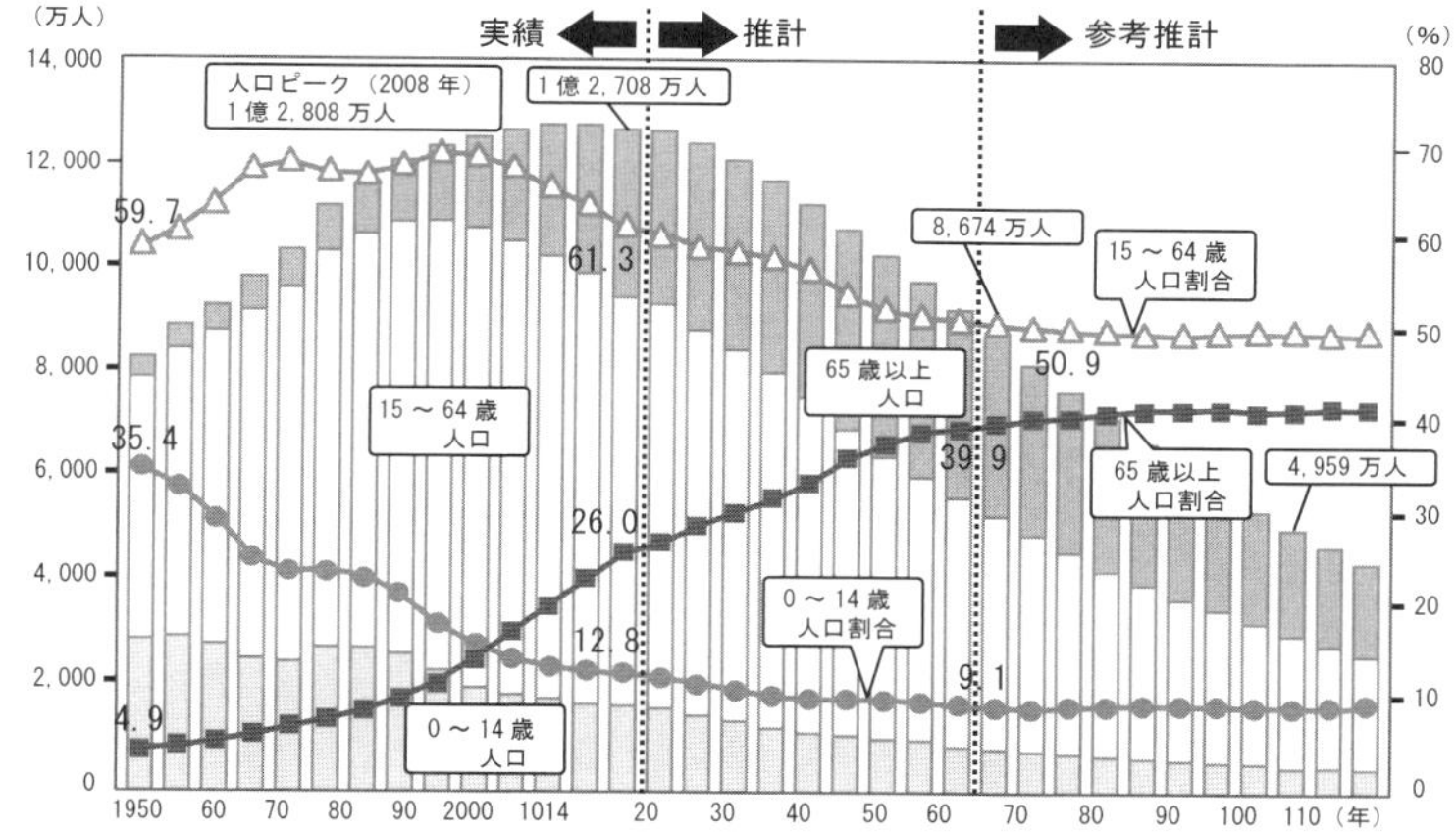

資料：2014年以前：総務省統計局「国勢調査」（年齢不詳の人口を按分して含めた）及び「人口推計」
2015年以降：国立社会保障・人口問題研究所「日本の将来推計人口（平成24年1月推計）」［出生中位・死亡中位推計］
（注）1970年までは沖縄県を含まない。（※平成27年度版厚生労働省白書より作成）

ことですが、日常生活を送れる健康寿命は、女性七四・七九歳、男性七二・一四歳で、その差十数年間は、介護や医療を受けながら暮らしていることになります。

また、年齢別人口比でみると、二〇一〇年に七五歳以上の人口が二一％だったのが、二〇一七年には、六五歳以上の人口が二一％となり、世界の人類史上かつてない超高齢化社会に突入しています。さらに、少子化も加わり、大きな課題に直面しています（図表9）。

すなわち、少子高齢化による、総人口の減少と労働人口の減少、経済規模の縮小と高齢者を支える財源不足で、国の活力低下は明らかです。特に、年金の先細りと医療介護保険の破綻は深刻です。今こそ、国を挙げて、有効な手だてや戦略を思い切って立てなければなりません。もうこれ以上問題を先送りし、これからの国を背負って立つ若い人たちに対してツケを残してはなりません。

そして、開く一方の貧富の格差・所得格差・資産格差を改善し、国民の効率的で高い生産性を高めるために、ロボットやAI技術などを駆使しつつ、年金の幅を広げ、女性の参画を促し、外国人の移入ばかりに頼らずに、労働生産人口を保ってゆかなければなりません。

そのためにこれからは、健康で生き生きとした一〇〇歳寿命を目指して、高齢でも元気な人は、働いたりボランティアをしたりすることで、なるべく人のお役に立てるように、誰もがこころがけていきたいものです。

なお、年金については、国民年金のみの人たちは、厚生年金や共済年金の加入者に比べて、それだけでは生活できないという問題があります。その意味で、最低保障年金制が必要です。

そこで、年金は二階建てとし、三階分は企業からではなく別機関で積み立てるのがよいでしょう。いまや「前期高齢者」は元気ですから、支給開始は七五歳からとし、六五歳からの人は、その分低減する制度とするのが好ましいと考えます。

❀ 医療・介護の世界もＡＩ化

医療・介護は、人間の生・老・病・死に関わる専門性の高い聖職として、教師や僧侶と同様に、大きな使命を持たされていると思います。そのため、技術のみならず人の心にも寄り添う高度なサービスが提供されなければならず、提供側の都合や論理ではなく、受ける側の立場に立って行わなければなりません。国家の財政や健康保険や介護保険をどのように節減するかを考える前に、本来あるべき受ける側の論理に立った改善・改革が求められています。

ここで、近年の技術進歩が著しいＡＩ（人工知能）について、触れておきます。すでに、将棋・囲碁・チェスの世界で実力を見せただけではなく、ロボットに組み込む形で、急速に、単純労働、肉体労働、精密な作業、金融サービスから会計士・弁護士の仕事まで、奪いつつあります。

医療・介護の世界でのＡＩ化は、はじまったばかりですが、今後は急速に人手に取って替わると予測されます。例えば、患者の問診票作成では、患者からの聞き取りとバイタルサインの取り込みで、正確な問診に加え、高齢者の抱える合併症でも診断の推測が可能となり、医師の問診能力に関係なく、問診時間の節減、誤診・見落しの防止、コメディカルとの患者情報の共有などが行えるようになります。

介護では、顔認識技術を用いて老人の表情や動作、声をＡＩに判断させることで、ケアマネージャーの労力を大幅に減らすなど、働き方改革にも多大な貢献が可能になります。

さらに、技術面では、死因の三大原因となっているがん・脳梗塞・心筋梗塞におけるＭＲＩ・ＣＴなどの高額な画像検査診断でも、見落しがほとんどなく、正確な診断ができるまでになっています。

そのため、世界各国や大企業との開発競争に敗れ、特許による独占で支配される前に、ＡＩ技術の早期確立を図ることは、我が国として国策として重点的に推進していく必要があります。

さて、医療・介護は筆者の専門分野ですので、医療・介護における課題と対策について、より詳述していきたいと思います。

❁ 医師の質を問い直す

優れた医師は、受診する側に立って問題を感じ取り、心身両面からの診断・治療が出来なければなりません。特に、看護師・理学療法士・介護士・薬剤師を統括する責任を持つ頂点に立つ役割を国から与えられていますので、技術者である前に、人間性を備えた者である必要があります。

そのためには、まだ将来に対する使命感や倫理観の未熟な高校卒業後の受験が、偏差値中心で生物学が選択科目といったいわば理工学部の入試では、本当に将来医師にふさわしい人材か大きな問題です。技術や知識は、今後は人工知能（AI）やロボットなどが、大きくカバーしていくことを考えれば、米国型の四年制大学を卒業後四年制の医科大学に変える必要があるでしょう。

今日六年制の医科大学に入学して一般教養課程があっても、受験疲れで遊んでしまい、しかもほとんどパスしてしまうような内容では無駄だと思います。米国では、大学四年間で一般教養科目のほかに、心理学・哲学・生物学は必須です。また、四年間でどのようなボランティアをやったかも勘案され、更に医大に入学後、二年生から三年生へ進級する際にも試験があり、厳しく選抜されます。そして、三年生から病院に実習に行き、ドクターの元で患者さんとのコミュニケーショントレーニングをし、さらに卒業後は、レジデントとして救急病院で内科系三年間、外科系五年間の臨床のトレーニングを積んだ後に、やっと各科の専門コースの臨床トレーニングを積むのです。

そのため、当然患者を全体的に診られる総合医として巣立つことができるのです。翻って日本では専門医ばかりで、今日のように、いくつもの合併症を抱えた患者を診ることは困難になってきています。

我が国の高齢化が益々進む中、住み慣れた地域で安心して暮らせる医療と介護の切れ目のないケアが求められる時代には、総合医に加えて、地域包括ケア医師を早急に育成することが求められています。また、インバウンドとしての外国人の治療受け入れにしても、言葉の問題も含めて、米国で修行した東南アジアやインドの医師には、診療行為は技術的にもコスト的にも負けてしまうでしょう。医師は人の命に関わる医療の最高責任者として、西洋医学だけでなく、伝統・代替医療・栄養学も含め、より深い見識と幅広い勉強をしてほしいものです。

そして、看護師に大きな役割を持たせることも必要です。今日まで、看護師はどちらかと言えば、医師の元で諸々の指示を受けて実施する、言わば手伝う立場に徹せられていました。しかし、今後は生活習慣病が増え、治療や療養が長引いたり、果ては介護や看取りにも関わったりすることから、より積極的にそうしたことを担う役割が求められ、またそれがふさわしいと思います。

米国では、臨床ナースという資格があり、試験を経て医師に代わって医療行為や処方箋を発行できる権限を与えられています。医師は、すべてにオールマイティであることは難しいので、どちらかと言えば急場の命を救い、それ以上の悪化を食い止める役割に向いていると考えます。むしろ、長期間根気の要る母性愛的医療や生活習慣病などの医療や介護は、臨床ナースが向いており、役割分担をした方が好ましいと思います。

❁ 無駄で過剰な医療の見直しを

我が国の医療は、国民皆保険の中で、入院したときに「包括払い制」を採用する病院はあるもののまだ少ないのが現状です。その場合でも、外来診療部分では「出来高払い制」となっているために、保険点数をにらみながら、無駄な検査や薬を出し過ぎる病院や診療所がよく見られます。

一方、受ける側にも問題があります。CTを撮ってくれないとか、薬を十分くれないと不満を言う患者が少なくありません。実は、CTやレントゲンは、X線という放射線を使用するため、英国では年二回以上CTにかかることは、がんを誘発する恐れがありと認められていません。CTやMRIの画像診断機器も、我が国は、米国の人口当たり二倍以上の台数を所有しています(ちなみに、その八割は輸入品です)。また、我が国の薬の使用も老人への多剤投与など問題になっています。

そのため、国としても、包括医療費支払い制度(DPC)を推奨しています。これは、厚生労働省が定めた一日当たりの定額の点数からなる包括評価部分(入

図表 10 ■医療提供体制の各国比較

国名	平均在院日数	人口千人当たり病床数	病床百床当たり医師数	人口千人当たり医師数	病床百床当たり看護職員数	人口千人当たり看護職員数
日本	33.2	13.8	15.7	2.2	69.4	9.5
ドイツ	9.9	8.2	43.3	3.6	130	10.7
フランス	12.9	6.9	48.5	3.3	115.2	7.9
英国	8.1	3.4	76.5	2.6	279.6	9.5（予測値）
アメリカ	6.3	3.1（予測値）	77.9	2.4	344.2	10.8

院基本料・検査・投薬・注射・画像診断など）と、手術・胃カメラ・リハビリなど、オプション的なものは、出来高評価部分として、両者を組み合わせて計算するものです。

すでに、この制度を導入している病院はありますが、今後、無駄な検査や薬の処方を減らすために、出来高払い制を廃止し、どの病院も、原則として包括払い制を採用することが必要です。

なお、無駄な検査や薬を出し過ぎることに加え、我が国の病院は、入院による在院日数と病床数は、世界諸外国に比べて明らかに多過ぎる傾向にあります（図表10）。また、そのために、医師・看護師不足が起きる面もあります。精神病院においては、輪をかけて在院日数や病床数が多く、大いに改革が必要とされています。

また、我が国は、糖尿病患者が諸外国に比べて多く、特に人工透析は群を抜いて多いことがわかっています。これは、安易に透析患者を医療側から作っている面がないとは言えません。

余談ですが、町の診療所で年寄りが集まり、こんな会話があったそうです。「この頃Aさんは見えないけれど、病気かしら?」。診療所が高齢者のサロンと化し、医者に通うことが、それほど当たり前になっている現状も見えてきます。さらに、こんな自慢話も。「私は・飲む・打つ・買うで健康を維持しています」とのこと。実は「薬を飲む・注射を打ってもらう・奥さんに言われてサプリメントを買う」とのことで、冗談とばかりは言えません。ここから、薬などへの過剰依存の一端も見えてきます。

❁ 高齢者の延命治療について

近年は、救急車で運ばれ、意識不明のまま治療がいつまでも続けられるケースも少なくありません。命は取りとめたものの、家族は本人に代わって本人の意志を忖度して、医師に何とか生かし救って欲しいと言い、医師も家族の希望も断る訳にはいきません。

本人の意識がかすかに戻っても、苦痛で管や点滴を抜こうとしたりすれば体を拘束され、本人も家族も苦しめることになり、医師も途中で治療を止めることは出来ず、三者とも苦しむ結果になりかねません。

宗教には、本人の悩みや心の苦痛を取り除き、幸せに導くために多くの戒律がありますが、死に向かう時の日本の医療の縛りは、どのような宗教よりもひどいと感じます。八百万の神に基づく自然宗教になじんだ多くの日本人には、無理に栄養補給などせず、食べられない・食べたくないなら食べずに、食べないまま、苦しみや痛みが消え終着を迎えることが最もふさわしいように思います。

命はもちろん大切ですが、命は天からの授かりもので、人にはそれぞれの寿命があります。それを無視し、また本人の真意を考慮せず、単なる延命を他人が計ることは、無駄な医療費や介護費をつぎ込むことになるだけでなく、不必要に本人を苦しめ、その尊厳を奪うことになりかねません。

こうした事態に至っては、自分の命は自分で決める権利があるべきだと考えます。そのために、原則として概ね障害者を除く七〇歳以上の高齢者には、いざと

図表11■認知症

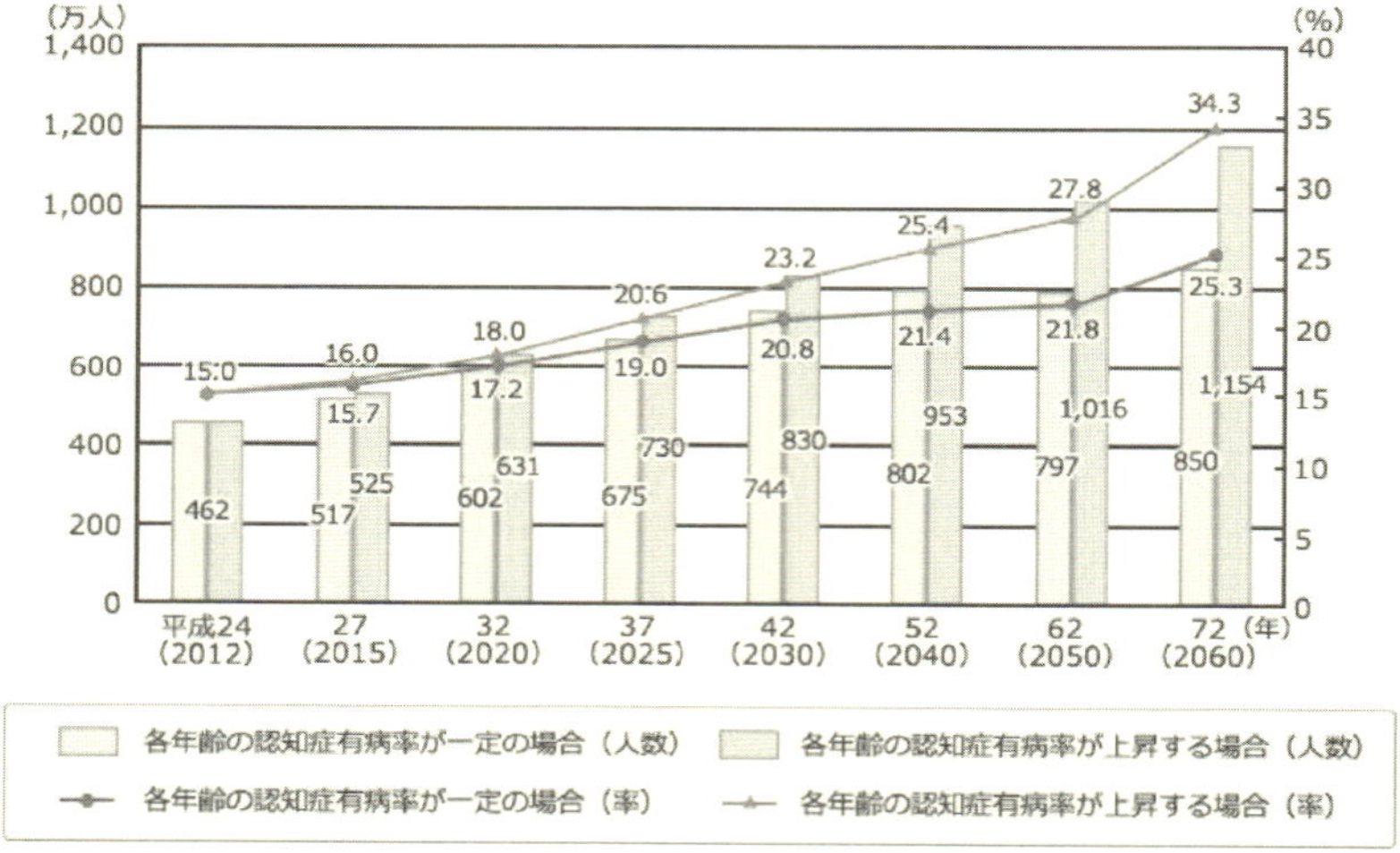

いうときには、延命処置も含め、どのような医療を受けたいのか、本人が事前指示書を書き、健康保険機関に提出することを立法化し義務化する必要があると考えます。もちろん、本人の意思で、いつでも書き替え修正はできるものとしておきます。

❁認知症への対応

年を取れば、誰でも多かれ少なかれ物忘れは激しくなるものですが、それが認知症として、日常生活に支障が生じてきます。ただ、一般的な介護の範囲内で、誰かが見守ったりサポートをしたりすることができれば、生活の維持は可能です。

しかし、それに伴って、人によっては、問題行動としての徘徊や大声を出して暴れたり不衛生なことをしたりするＢＰＳＤともなれば、専門家の手に委ねるしかありません。いまや、認知症の薬の副作用もあって、その割合は増えており、老々介護による負担や、会社を辞めて看る人もいて、経済的損失も大きいものがあります。さらには、家庭崩壊や介護殺人まで起こっています。

その人たちの施療や治療は、精神病院や認知症専門医に任され、専ら薬物でおとなしくさせているのが一般的です。しかし、本人の活力を薬で失わせるのではなく、問題行動をリハビリテーションなどで解消する専門家も出てきています。

今後さらに増え続ける認知症（図表11）に対し、全力を尽くして有効な技術に開発投資を行ってゆかなければなりません。国としても、そうしたＢＰＳＤ対応の専門家を、早急に育成していくことが求められています。

❀ 介護の人材不足について

介護の人材は、量的にも質的にも不足が叫ばれ、外国人労働者の活用が叫ばれています。しかしその前に、従業員のマネジメントや教育の出来る幹部の育成、そしてそれによる日本人の人材育成が先決だと考えます。その結果として、初めて外国人への十分な指導や育成ができるようになるものです。

介護技術は、当然万国共通のものもありますが、日本には独自の「おもてなし感覚」があり、福祉の現場においても、そのホスピタリティは発揮され、何よりも、お年寄りを心から安心させます。また、介護は、力の要る仕事ばかりではなく、話し相手や細かなお世話・ケアなど、定年退職者や主婦が十分担える部分も多くあります。彼らに働いてもらうことで、活躍の場を提供することができます。

さらに、付け加えるならば、肉体的な人力による介護や補助に対しては、ロボットの開発が急がれます。介護する人の腰痛などを予防する上でも、現在でも用いられている機器を一層改善するとともに、介護される本人にも自力で操作できる介助機器のさらなる普及が望まれます。

ソフト面においては、現在医療で用いられている患者に対する問診システムや顔認識・動作認識にも、ＡＩ技術を採用することにより、疾病の早期発見や、介護度や認知度の的確な判定を行い、労働力や人件費の効率化に資するものと思われます。

なお、中国や韓国をはじめ多くの国が高齢化社会を迎える中、超高齢化先進国の我が国としては、介護分野でも成功事例を多く作り出し、世界に大いに貢献することを期待したいと思います。

また、介護保険については、介護保険を使わなかった人には、還付金制度を設けてはと思います。家庭介護に対しても、専門家の半額支給が必要でしょう。また、介護のレベルが下がった分を、報償金として支給するなどインセンティブもあるといいと思います。

❁ 治療・介護から、健康・予防・未病へ

病気になってから治療をしたり、体が言うことを聞かなくなってから介護を受けたりするのではなく、そうなる前に、あらかじめ予防しておくことが大切です。

これは、単なる精神論ではなく、国の医療・介護予算を抑えるためにも、もっと

も有効な方法です。

そのため、最近は、「未病」ということが言われるようになりました。言葉自体は、すでに二〇〇〇年ほど前の中国の医学書に出ているそうですが、健康ではないが、いまだ病気ではない状態です。つまり、健康と病気の間に位置する状態で、病気になる前の未病の段階で、予防することが大切という訳です。

具体的には、小学校では健康を、中学校では予防を、高校では応急措置を、教科の中に正科として採り入れることを提案したいと思います。若いうちから、自分の体を意識し、ケアする習慣を身につけさせるとともに、病気にならないようにしていくことが肝心です。

そして、相補医療(Alternative Medicine)の見直しも必要です。欧米では、我が国のような西洋医学一辺倒ではなく、伝統医療や相補(代替)医療が、かなり普及しています。外傷や感染症など、緊急時の対応としては、西洋医学は絶大ですが、長期にわたって薬などで治療する場合は、むしろ医療行為が原因で生じる「医原病」を引き起こすことがあります。

特に、生活習慣病で長期にわたる疾病や老人の医療に対しては、刺激の少ない漢方や伝統的な医療、また薬効の見られるサプリメント（機能性食品）の活用などが有効です。長期的には、コスト的にも、効果としても、西洋医学よりもメリットがある場合が少なくありません。ただし、エビデンスに基づく医療（ＥＢＭ）をしっかりと見極め、国の研究機関として理化学研究所並みの医科学研究所を設立して、効果をしっかりと検証し、認められたものは保険が適応できるようにしていくのが望ましいと思います。

❀ 在宅ホスピスのすすめ

我が国のがん患者は、一貫して増え続けており、一九八一年以降、死因のトップは悪性新生物（がん）が占めています。そして、やがては死因の半分はがんになることが予想されています。我が国のがんは、以前は、塩分の摂り過ぎによる胃かいようと胃がんが主でしたが、戦後食生活の欧米化により、大腸がんや肺がんに変わってきています。

一方、米国は一九七七年に出されたマクガバンレポートにより、がんや心臓病

図表12■全がんの死亡率の日米比較

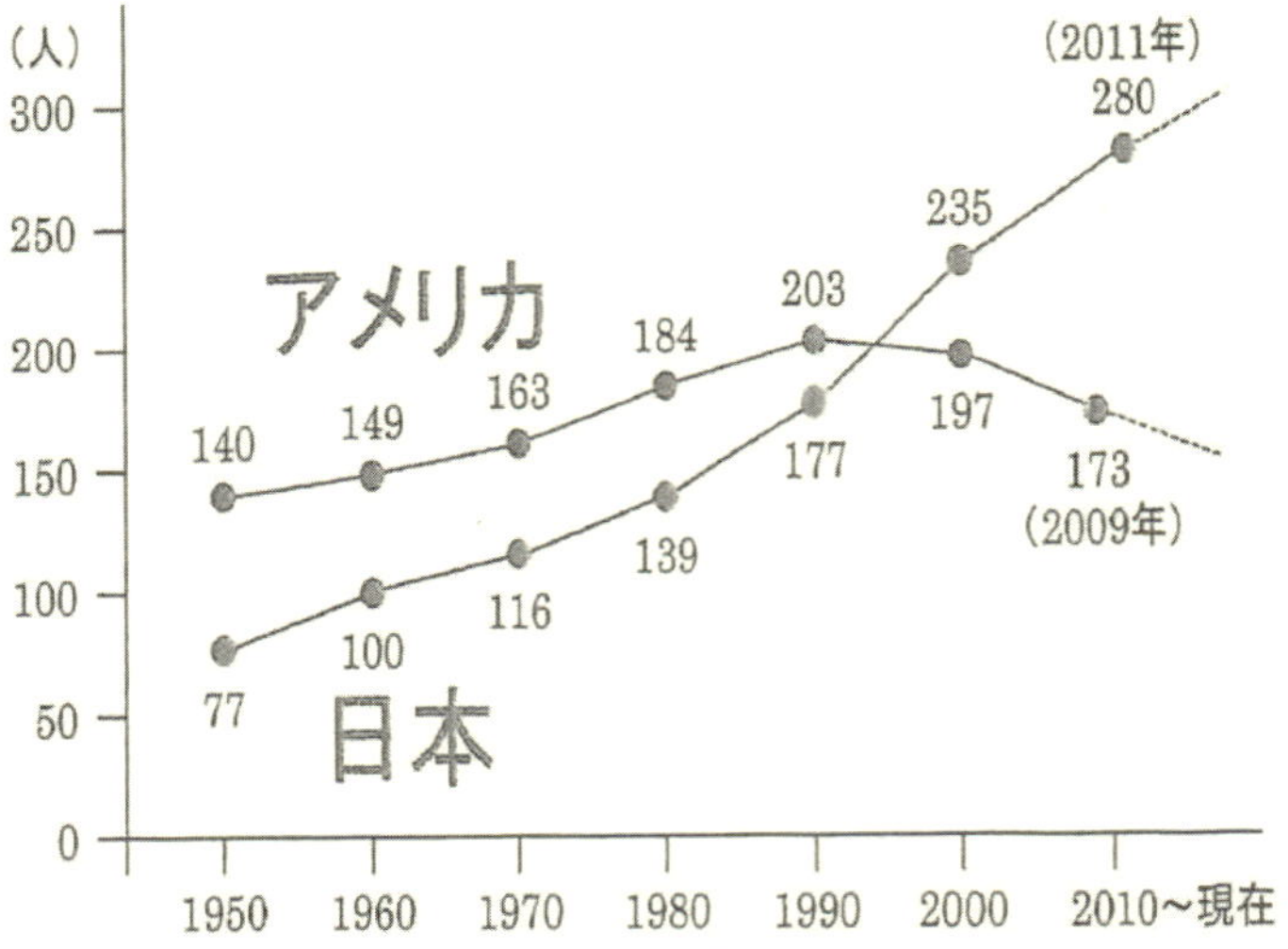

※厚生労働省「人口動態統計」、アメリカ総務省「Statistical Abstract of United States」より

などの増加は食生活に問題があると明らかになり、肉・乳製品・砂糖などの摂取を控え、魚介類、穀物や野菜中心の食事にすることを提案されました。その結果、米国は、年々がん患者は減少するようになっているのですが（図表12）、実はそのレポートで高く評価していたのは、ごはんと味噌汁による日本食だったのです。なんとも皮肉なことです。世界で日本食はブームですが、日本人自身が、もっと日本食を見直す必要があり

ます。

さて、がん患者の増加にともない、ターミナルケア（終末期ケア）を行う施設（ホスピス）の在り方が問題となっています。病院では、痛みや苦しみを和らげるため、国の基準による緩和ケアを行っていますが、不必要な治療を続けているところが多いと言えます。またその基準、常勤医師・看護師・薬剤士・理学療養士・ケアマネージャーと人員基準が過剰で、コストもかなりかかっているのが現状です。

そこで、在宅ホスピスがクローズアップされています。ただ、完全に自宅ですと、家族の負担も大きいため、専用のケア施設としてのホスピスもあります。家族も宿泊出来、必要以上の医療をしません。いざという時になったら、無理に栄養補給せず、水分を摂るだけで、疼痛管理もごくわずかとなり、最期は断食状態で穏やかに亡くなるという選択肢も選べ、家族からの評価も高いそうです。死に際に、子どもや孫に看取られる安心感・満足感とともに、子どもや孫が、死という厳かな生命の終わりに立ち会うことも、命の大切さを知らせるまたとない機会を提供することにもなります。

ここで、死や看取りについて、私見を述べてみたいと思います。日本には、欧米と比べて神や仏に自然に召される喜び「安らかな死への願望（ｐｅａｃｅｆｕｌ ｄｅａｔｈ ｗｉｓｈ）へ導く工夫が少ないような気がします。

胸に十字架や仏像のペンダント・お守りなどをかけて眠るとか、本人が安心する方便としての輪廻転生、天国の話などは大切だと思います。日本でも、各宗派のお坊さんが、釈迦の説いた人生における四苦（生老病死）に対する悟りの尊さについて、もっと「語る・広める」などの役割を果たしてほしいと思います。

先日、インドのガンジス川河畔で焼かれ、川に流されるために一人来て死を待つ多勢のヒンドゥー教の人々を見てきました。焼き場と隣り合わせて、人々は沐浴を行い、うがいまでします。五〇〇〇年も変わらずに自然の摂理に従ってきた人々を見るにつけ、死を恐れずにしっかりと死を見つめて逃げない心を持ちたいものだと思いました。

第8章

教育のあるべき姿

☸ 我が国の教育の過去・現在・未来

教育は、国においても企業においても、存続・発展への基礎であり、最大限エネルギーをかけなければなりません。企業の経営資源は、ヒト（人財）・モノ（設備）・カネ（資金）・情報と言われますが、モノ・カネ・情報はすべて人がもたらすものであり、それは国にも当てはまります。人の教育こそが、最も大切な由縁です。

我が国は、戦前から世界の中で国民の識字率の高さを誇り、和を大切にする心の教育がなされてきました。また、為政者も、儒教的な道徳倫理観を上手に消化し、日本古来の文化・伝統に、外来の仏教の考えも加わり、日本人の血肉となってきたと言えます。

戦前の道徳教育は、忠孝、誠、思いやり、情け、慈悲、感謝、報恩、恥、謙虚、礼節、克己、勤勉、献身などを尊重し、日本人の美徳となっていました。しかし、占領軍のマッカーサー総司令官の元で、日本が二度と米国の脅威とならないために、彼らの意に沿った新憲法を押し付け、武力を持たせず戦争放棄をさせた上で、日本古来の道徳教育、武道の禁止、神道の排除をはじめ、新聞書籍の検閲など思想統制や情報統制を徹底的に行いました。

その上で、スポーツ・スクリーン（映画）・セックスの「スリーS」を広め、いわゆるGHQによるマインドコントロールを完成させ、日本人のアイデンティティや美徳が失われ、今日の欧米的な個人主義・快楽主義に陥ってしまいました。経済は発展しましたが、我が国の教育に根付いていた美徳や武道など伝統は絶たれ、集団主義から個人主義へ、義務から個人主義的な自由による権利主張が強まってしまったのです。そして、教育は、経済的豊かさや権力指向に変わり、学力より学歴・学閥偏重となってしまいました。

しかし、企業も国家も、その発展を決めるのは人間力です。人材より人財が何よりも大切で、その意味では、教育の果たす役割は重要です。今日、所得格差が広がる一方で、それは教育格差にまで広がっていますが、生まれてきた子どもには、何の罪や責任もありません。少なくとも義務教育終了までは、親の責任は当然のことです。

やむを得ず経済的に困窮する親には、教育費・食費などの養育費・医療費の補助金制度の確立が求められています。義務教育以後の進学については、奨学金があり、社会人になってから自己責任として将来返済することは当然のことですが、国策としては、返済期間の延長、金利はゼロにする必要はあると思います。

なお、時代の変化するスピードは、驚異的・加速度的に早まっています。中でも、ＩＴ化のさらなる進展で、人工知能（ＡＩ）技術が、今や人の生き方に対し、夢と不安の両方をもたらしています。

ほとんどの単純労働や少なからぬ知識労働が、ＡＩに取って替えられ、失業者が増大し、経済所得格差も増々加速すると予想されています。これに対応するには、今までの知識重視の偏差値に偏った教育を脱し、ＡＩを使いこなせる技術と、ＡＩでは出来ないＡＩには苦手なアートや感性を育てる教育が、子どもの頃から必要であると考えます。

さて、ここからは、人の発達段階に応じて、教育のあるべき姿を考えてみたいと思います。

☸ 妊娠前から一歳まで

子どもは天からの授かりものです。身勝手に産み落とすようなことがあってはなりません。そして、子どもがほしいと思っている女性は、少なくとも妊娠一年以上前から、タバコ・酒など身体に悪い生活習慣を控え、恨み・嫉妬・怒り・恐怖などの心のストレスを減らし、喜び・楽しみ・笑顔などが増えるように、つまり心が陰性から陽性になるように心がけたいものです。

また、生まれる子どもが女児か男児に関わらず、命を授かったことに心から感謝することが大切です。そして、動物から人間に育つこの時期、できれば三年間、少なくとも一年間は肌身離さず親として心身一体となって育てていくことが必要です。

生後一年間は、なるべく人に預けたり施設任せにしたりせずに済むように、生活力のない親を対象に、年間一三〇万円程度、国が生活保護的に給付をするべきだと考えます。

なお、一時期流行したスポック博士の育児法は、現在欧米でも否定されています。その主たる方法とは、半年したら離乳食にし、寝かせる時はうつ伏せが良いというものです。しかし、うつ伏せ寝は、窒息死の問題も起きています。我が国のミトコンドリアの研究の第一人者の西原克成博士は、乳児は動物ゆえに、人間食は一年以上経ってから、二年間は母乳が良く、不足する場合でも人工乳にすべきであり、また、極力冷たい水やアイスは止め、体温を下回らないものを飲ませた方が良いと言っています。

また「うつ伏せ寝は、クチ呼吸になり、冷たい空気が鼻を通さず直接体に入るので、細胞内のエネルギー変換のミトコンドリアを冷やす（体温三六度以上が免疫力を正常に保つ条件）と、細胞内の百五十種類を超えるウイルスが活発化して血液を通して体全体に回り、ぜん息・アトピー・多動症・引きこもり等を引き起こす。治療法として人工乳、おしゃぶりを用いれば大半は治る」とのことです。

❁ 小学校入学までの幼児

「三つ子の魂百まで」といいますが、この時期をどのように過ごすかは、大人になるまで大きく影響します。その意味で、三歳までは母親が直に愛情をもって育てることが欠かせません。人に安易に預けるのは好ましくありません。

乳児期を過ぎたら、人間としての大切な善悪のしつけとからだづくり、遊びを通じたコミュニケーションが大切になってきます。遊びを通じて、喜びや楽しみを知り、子ども同士のコミュニケーション能力も培われます。

最近のわがままな幼児を見るにつけ、しつけの大切さを痛感しますが、それは、しつけが十分にされなかった、だらしない親に問題があります。やはり、その親の親を育てた戦後の価値観の崩壊がそうさせたように思いますが、いずれにしても、人間は人と人の間で生きてゆくため、最低限のルールを身につけないと、本人もまわりも不幸に見舞われます。

❀ 小中学生はコミュニケーション力を

その後、高校までの時期は、一貫して他人とのコミュニケーション力を育てることが大切ですが、幼稚園では善悪のしつけ、小・中学校では芸術・語学などを通じて、読解力・共感力・想像力・創造力を高め、スポーツを通じて思いやりと団結心が養えたらいいと思います。

この時期は感受性と個性を磨く時期です。読み・書き・ソロバンは、感受性や頭脳の回転、空間認識力を高めます。最近のＩＴの発達で、計算や文書作成はパソコンに依存し、深い思索を養わないデジタルな断片的ニュースや知識があふれています。これでは深く身につく能力が育まれません。

また、音楽・演劇・絵画・工芸などの芸術やスポーツを通じて、コミュニケーション能力、自己表現力を高め、またスポーツでは、さらに肉体的な基礎体力づくりもする役割があります。加えて、歴史教育も重要で、漫画や動画なども活用して、楽しく学べるように配慮したいものです。

そうしたことを疎かにして、学習塾にばかり通い、知識偏重となり、偏差値中心の傾向がなんと強いことでしょうか。そのため、その後、難関な大学を出ても、バランス感覚の悪い社会的音痴の人間を多く生み出してしまっています。

❁ 高校の義務教育化と海外協力の必修化を

高校では、社会や歴史について深く学ぶとともに、社会性を身につけることが必要です。高校生の年齢は、江戸時代では元服、いっぱしの大人として社会で扱われる年齢ですが、現実には未だ中学卒業で就職して、自立して税金を納めたとしても、大人としての権利は認められません。経済的に先進国として国は豊かになったのですから、高校は原則として義務教育とし、教育費は無償とすべきでしょう。

そして、高校を卒業した後には成人として扱い、未成年は高校生までとし、全て大人と同等の権利を与え義務を果たすようにするのが良いと考えます。選挙権だけでなく、アルコールなども全て大人と同等ですが、当然、義務も大人と同等で、罪を犯した場合も、刑罰は大人と同じ扱いです。

また、高校卒業後に関しては、大学に進学するにせよ、社会へ就職するにせよ、ひとつの提案があります。進学や就職の前に、徴兵制がない代わりに、一年間は休学・休職扱いとして、原則として、海外に協力隊あるいはボランティアとして国から派遣する制度を設けることを提案します。発展途上国などで外国の人たちに直接触れ、体験させることで、我が国の良い面、悪い面も知り、時代を背負って立てる人材として育てるのです。

国内の同質文化の中で、ぬくぬくと育ち、ひ弱で内向きとなり留学も減ってきています。そこで、この制度は心と体を鍛え直すいい機会となります。これは同時に、世界共通語になった英語を、使える形でしっかりと身につけさせる機会ともなります。

そして、高校の教育カリキュラムは、文字通り高等教育として、徹底的に知的教育を行い、大学進学に対しては、何となく大学に行くのではなく、何のために行くのか、しっかりとしたテーマ・目標を定めて進学するように改めていければと思います。

大学のレベルアップを

大学での教育は、知識と基本的な技術を学び、それが充分生かせる職業に就く前段階として、またさらなる研究や新しい創造や発見をする大学院への準備段階として位置づけられます。大学は、学問の府として、知力の育成と知の追求が求められますが、昨今、我が国の大学のレベルは、国際的に見て低下していることが指摘されています。

より研究開発に予算をつけるとともに、大学教育においても、機会均等であるように、奨学金は無利息貸与を実現できればと思います。いまや人生百年時代です。小さいうちから時間的・精神的に追われがちですから、大学では、もっと教育には余裕をもって、果物や作物が実を結ぶように、じっくりと育ててゆくことが大切であると思います。

❀ 食育とスポーツ振興

我が国は、いまや豊食の時代にあります。とくに、未来を背負う子どもや若者たちのために、単なる栄養指導ではなく、食育指導が大切です。栄養過多による生活習慣病に加え、欧米型の肉・バター・チーズ・パン・甘い飲料水などが普及し、我が国の本来の和食が減りつつあります。すでに触れましたように、がん予防や健康のためには、本来の和食的な食習慣に戻すことが必要です。

長野県の長岡中学校では、時の校長が給食を洋食から、米食と魚・野菜・味噌汁などの和食に切り替えた結果、一〜二年で不登校生徒や校内暴力やいじめがなくなり、学年全体の学力も、全国平均でも上位に変わったというケースもあります。単に健康のためだけでない、大きな波及効果が期待できるのです。

また、スポーツ振興も重要です。戦後の民主主義に基づく個人主義的な教育は、ややもすると自分さえ良ければという意識が先行し、家族の崩壊、社会での孤立、国家意識・国民意識の喪失を来たしています。

その意味では、個人競技より団体競技に重点を置き、広めることが必要だと思います。オリンピックでも、団体競技に力を入れることが必要です。団体競技により、ともに戦い、仲間と役割を分担し、そこから、思いやり・励まし合い・泣き笑いを通じ、友情を育み、団結力も生まれます。ひいては、家族愛・郷土愛・愛国心を醸成することにもつながります。

❁ 外国人労働者への教育

これから増え続ける外国人労働者に対しては、単に言葉や技術のみの研修ではなく、日本社会、文化の教育も必要だと思います。場合によっては、最低一年間の義務教育を行い、就職して日本に残ることを認め、あるいは国籍を取得したい者には、日本人としての適性試験を行うなどして、日本人の人口減に対処するのです。そして、最も大切なことは、日本人と同等の同一仕事・同一賃金を、卒業者に義務付けることだと考えます。

第9章

世界へ発信したい日本の文化

☸ 日本文化と宗教

日本人は争うことを好まず、人を信用し、また寡黙であるため、外国人からは何を考えているのかわからないと言われ、そのために損を被ることも多々あります。しかし、日本人の産み育ててきた文化には、素晴らしいものがあります。

もともと日本人の根幹をなすＤＮＡには、大自然を神とあがめ、生きとし生ける存在全てに神が宿るものと埋め込まれています。西欧のキリスト教・ユダヤ教・イスラム教に見る、人間が生物の頂点に立ち、万物を人間のために支配利用するといった宗教観はなじみにくいものです。

我が国は、建国は二六〇〇年以上前にさかのぼる世界でも有数の歴史ある国であり、古事記・日本書紀の記述にある神話の歴史と関連づけて、今日も祭祀を司る天皇家に引き継がれ、その精神は連面と日本人のバックボーンとして生き続けています。日本は、古くは大和（やまと）と称し、その心意気を大和魂と言っています。

神道は宗教ではなく古道とも呼ばれ、命の尊さを説く道であり、神社の堂に祭られているものは、教祖ではなく鏡であり、自分の姿のみならず心も写す、即ち自分も神の一部であることを知らせるものです。

なお、神道の考え方は、国境を越えて伝わることは難しいとされてきましたが、二〇一四年にサンマリノ共和国で、欧州初の公認神社が完成し、日本人の精神性を海外に広める一歩を踏み出しました。日本文化の神髄が海外に広く理解される日が来れば、ビジネスや外交など広い分野に影響を与えるものと思われます。

また、神道に加えて、中世に中国から伝わった仏教は、神道の大自然と一体共生（生かし合う）の考えにもなじみ、大自然や宇宙を神とする教えも日本流にアレンジされ、広く国民の生活に神仏習合といった「良い看板」に収まり、庶民文化を形作っています。特に仏教のなかでも哲学的性格の強い禅は、我が国の文化・芸術に色濃く染み渡り、今日では西欧のクリスチャンにも広まりつつあります。

❋ 我が国の伝統と文化の特質

日本人はあまり議論することを好みません。日本人は言葉を「言霊（ことだま）」

と言い大切にし、自己主張を極力抑え、むしろへり下って自己否定をし、無駄な多弁や相手を傷つけないような配慮をし、相手の目や表情や仕草から相手の気持ちを察することを自然に行ってきました。

西欧における言葉の応酬や多弁は、人に対する不信感を前提としているものと思われます。日本人は、長期にわたり他国からの侵略を受けず、一億を越す人口の割には同質であるため、ディベートは馴染まず、それだけに寡黙です。そのせいもあり、外国人からみると日本人は何を考えているのか分からず、ときには不気味に写ることもあるようです。

しかし、今日、欧米キリスト教徒において、禅の瞑想が流行しているそうです。これは、心を静めエゴを捨て言葉を使わず、相手や対象物と一体となる和の世界に魅力を感じ取ったからではないでしょうか?

また、日本人は、美しいものは言葉ではなく心で感じ取ります。そして、日本人は美しいことを常に求める国民性を持っています。

これからの世界はグローバルから孤立主義、民族紛争、宗教戦争など、米国学者ハンチントンの唱える「文明の衝突」から、鉱物資源、食糧、エネルギー、水などの奪い合いなど紛争の危機が至るところにあります。それが爆発する前に、八つの文明の中で、日本は、和の精神を世界に広め、大いなる役割を果たすべきであると考えます。

また、狭い国土に人口が過密であるために争うことを好まず、和することでお互い傷つけ合うことも少なく平和を保っています。しかし、今日のように外国人労働者の受入れ、外国人観光客の増加など、人も情報もグローバル化が増々進む時代には、日本人の寡黙さは却って誤解を生み、相手から疎んじられ兼ねません。

しかし、むしろこの素晴らしい文化は、世界の争いを減らし平和をもたらし、物の豊かさの追求から物心両面の豊かさをもたらすことで、世界に貢献できるものと思います。我々日本人は、ごく当たり前と思っていますが、その良さを改めて再認識し、世界に向けて大いに発信していくべきでしょう。

そのためにも、観光立国を積極的に推進することも大切です。豊かな自然・風景・水・山の観光資源をＰＲするとともに、日本独自の物づくり・料理づくり・酒づくりを体験するなど、外国人の喜ぶサービスを提供し、日本の食文化やおもてなし文化への理解を深めてもらうことは、大きな意味があると考えています。

以下に、日本文化の特質を、具体的に記述し整理してみたいと思います。

☸ 相互扶助と和の精神

一九九五年の阪神淡路大震災や二〇一一年の東日本大震災、二〇一六年の熊本地震など、日本は度々大きな災害に見舞われています。しかし、日本では、人の不幸につけ込む火事場泥棒的な略奪や暴動、便乗値上げなどはほとんど起こりません。このことは、海外から驚きや賞賛の声が上がっているのは、御存じのことと思います。そして、見返りを求めない大勢の人たちが、物心両面のボランティア活動に参加しています。

日本人は、総じてさびしがり屋で、人の間（人間）に置かれていると安心することが多くあります。そのため、村八分は最も厳しい掟であると言えます。人間は、世間によって生かされているので、常に周囲に合わせて変わるものですし、その結果、周囲から、その人として、あらしめられるものでしょう。禅で言えば、一体感・愛は慈悲に通ずるところがあります。

また、日本人は、太陽・月・海・山・火・風などはもちろん、家屋では、厠（トイレ）・かまど・門口（玄関）などあらゆるものに神が宿るとする「八百万の神」を信仰しています。それがために、多様性を認め合って共存共栄する精神があるのです。それを受けて、日本人の間には「お天道様が見ている」「天にツバを吐くとシッペ返しが来る」「天に恥じないように」という道徳観が息づいています。その意味では、西欧の全知全能の神とは一線を画しています。そして、良心に恥じることを潔しとしない文化であるともいえます。

❀ 義理・人情・恩を大切にする心

義理は、世の道理や正義を基本とする考え方であり、人情は、人としての打算を越えた温情であり、恩とは、お世話になった人への感謝の心のことです。日本では、これらを欠くことは、「不義理」「情け知らず」「恩知らず」と言われ、非難されます。

なかでも、「情」は、戦いの場でも発揮されます。例えば、中国から伝来した囲碁は、陣地（領地・領土）を攻め取った穴を、殺した駒で埋めるつぶし合いを意味しています。これに対し、日本古来の将棋は、相手から奪った駒を捨てずに再活用する点で、人を生かす情があると言えます。勝負は、相手のトップ（王将）が死ねば終わりますが、一方「歩のない将棋は負け将棋」とも言われ、歩は多様に活用できます。相手側に入れば金にもなれ、身分が下の者でも大成できるため、大切にするのです。

☸ 類まれなる繊細さ

日本人は、繊細だとよく言われます。日本製品の多くも、細かいところまで気を配っています。これは、日本人に血液型のA型が多いことも関係しているのかもしれません。ただ、それだけに外国人に比べてストレスに弱く、心が傷つきやすいともいえます。

気を大切にするところにも、それは表れているような気がします。「気」を使った熟語のなんと多いことか。元気・正気・浮気・気心・気持・気配り・陽気・活気・

勇気・病気・陰気・気ぜわしい・生意気・雰囲気・のん気・気配・気分・気っぷ・気前などなど。

心を大切にするためか、「心」を使った熟語も多くあります。心配・水心・魚心・安心・心中・心意気・良心・心づくし・向上心・仏心・心掛け・心底・心づかい・心情・心境・心理・心血・心配り・心苦しい・心を磨く・誠心誠意・以心伝心・心機一転などなど。掌（たなごころ）は、「心」の字を使いませんが、「たなごころ＝手の心」の意味でしょうから、手にも心を感じていることの表れかもしれません。

また、季節を大切にし、コンパクトに表現するのも、日本人の大きな特徴です。俳句・盆栽・箱庭などのほか、幕の内弁当もそうですし、和菓子にも、季節を反映させたものが多くありますし、いずれも、日本人ならではの繊細さを感じさせます。

以上に共通するものは、何事もストレートに表現する西洋とは対照的で、それとなく表現することに特徴があります。目に見える顔や姿の美しさ・セクシーさよりも、立ち居振る舞いや奥ゆかしさ、そして言葉遣いなどに、美しさを滲ませることに重きを置く傾向があります。

なお、日本語には、主語がなくても察し合う文化があり、一人称を使った場合でも、そのバリエーションは豊富で、日本人のきめ細やかさを表しているように感じます。わたし・わたくし・ぼく・おれ・われ・わし・うち・当方・手前・小生・拙者などなど。

❁「押す文化」ではなく「引く文化」

日本建築の扉・窓は、引き戸や引き窓であり、ノコギリや刀や包丁は、引くことにより美しく切れます。これに対し西欧では扉・窓とも押すものであり、ノコギリや包丁も押したり、タタキ切ったりするもので「押す文化」です。

そのせいか、日本人は、自分の意見を相手にぶつけるものではなく、気を察し、気を引き、相手の心を斟酌し忖度して、引き受けてしまいます。もちろん、度が過ぎると問題ですが、西欧人のように、自分を押し出しシャシャリ出ることは、ほとんどありません。西欧では、人的サービスでも、チップを前提のマニュアル型ホスピタリティであるのに対し、日本の和のサービスは、相手の気持ちを察し相手と一体となって、サービスする人の心持ちと工夫で行う無償のおもてなしと言えます。決しておせっかいではなく、程良く距離を置く奥ゆかしさがあるのです。

❀ 白黒よりも妥協・調和を大切にする

欧米のように白と黒をつけるために言い争うディベートは、日本人には合っていません。人口あたりの弁護士の数は、日本は米国の約三分の一、欧州の八分の一倍と極めて少なく、争いごとは、戦後増えたとは言え、争うよりも話し合いで解決する傾向があり、ここにも和の文化が表れています。

西欧・中国の価値観は、勝ちか負けか、〇か一か、左右に明確に分けます。それに対して日本では、〇か一の間に〇・五が入り、妥協という選択肢があります。また、庭園・城・寺院の配置にも左右非対称が多く、西欧の城や庭園は左右対象です。生け花でも「奥・行・草」の三種類で構成され、二つは「分かれ」として好まれません。これらの感覚は、神道、仏教哲学とも通ずるところがあります。

大宇宙の基本数は一・二・三であり、禅的に言えば、透脱一体現成であり、生け花は「真・行・草」であり、ジャンケンではグー・チョキ・パーで絶対的強者はいません。我々の生活圏は、「太陽・月・地球」の調和、地上は「動物・植物・鉱物」、身体は「精霊（霊魂）・心・肉体」、分子の世界では「陽子・中性子・電子」と三つに分かれます。

☸日本では「安全・清潔・水はタダ」

日本では、強盗・殺人事件は近年増えているとはいえ、世界的には、極めて少ない安全な国です。女性の夜の一人歩きも珍しくありませんし、財布や大切な物の落とし物も、多くの場合は見つかります。公共機関に届けられます。また、どこでも環境は比較的衛生的で、伝染病などの発生も少ない傾向にあります。そして、日本ほど水に恵まれている国はありません。水道水も安全ですし、ミネラルウォーターも、マグネシウムやカルシウムが少ない軟水のためまろやかです。

軟水はともかくとして、安全で衛生的な環境は、繊細さなども含む日本人の文化とも、決して無関係ではないと考えています。

第10章

世界で貢献できる日本を目指して

☸ 世界へ貢献するには

我が国が今後、世界の中でどう生きてゆくべきか。それには、やはり優れた企業の経営戦略や経営計画を参考に、私たち日本人が持つ優れた資質や能力を活かし、世界が直面する問題解決に対処可能なロマンと使命のあるビジョンを構想し、世界に貢献を続けていくことが重要です。そして、若者に勇気と希望の持てる国づくりを積極的に行っていき、世界と共生し、世界から喜ばれ尊敬される国になれば、安全保障にも資することになります。

我が国は、戦後の経済復興とともに、着実に工業化を成し遂げて、今や先進工業国として多くの分野でリーダーシップを発揮しています。その結果、自動車は米国を、カメラはドイツを、時計はスイスを、化学はイギリス・ドイツを凌駕し、むしろ先進各国から見れば、強敵なライバルとなっています。そのため、ともすると「日本さえいなければ」といった被害者意識を持たれかねない状況も生まれています。

むしろ、世界平和を希求する憲法に沿い、我が国が世界から尊敬され、「日本が存在しなかったら世界が不幸になる」と思われるくらいの世界への貢献を積極的に果たしていくことが必要です。それが、ひいては「日本を武力で侵略したり支配したりすることは世界が許さない」という形で安全保障となって返ってくるのが理想です。

それでは、世界へ貢献できる分野とは何でしょうか？　憲法にも謳われている世界の平和を希求する我が国にとって、それは世界が困っている問題、解決すべき問題への対応であると思います。具体的には、以下の通りです。

❀ 教育への貢献

我が国は古くから、お寺が中心となり、幼少の頃より寺子屋が義務教育の走りとして全国各地に開かれていました。そのため、明治時代には、世界にも稀な識字率の高い国として西欧先進国から実は驚異の目で見られていたのです。

この好奇心あふれる国民性もあずかって明治維新を成し遂げ、戦後の焼け野原から復興をとげ、その後、これも驚異的とされる経済成長を達成し、物質的豊かさを成し遂げて今日に至っています。識字率の低い発展途上国に対しては、基礎的な初等教育の普及から始まり、中等教育へと導く支援をしてゆくことで、各国の協力も得ながら、自活自立の道づくりに貢献することが求められています。

☸ 宗教民族紛争問題解決への貢献

世界における様々な紛争や、国対国の戦争の原因の一つとして宗教戦争がありま す。これは昔から今日に至るまで、相も変わらず国対国、地域内での争いや殺戮へとその火種はくすぶっており、いつ発火してもおかしくない状況にあります。それが引き金になり、国対国の戦争にまで発展することは、何としてでも押しとどめ防がなければなりません。

そのために出来ることは、政治経済の世界サミットだけでなく、平和サミットの一環として世界宗教会議を我が国が率先して呼びかけることを提案したいと思います。全世界に影響力のある宗教団体に一同に集まってもらい、相互の理解と紛争の予防や調停を働きかける場を設けるのです。その費用は、宗教団体を非課税から課税に法律改正し、資金捻出するのが適切でしょう。

そもそも宗教は、衆生済度、人々の心の悩み苦しみ、究極には、どう生きてどう死ぬか、命を見つめるよすがにあり、宗派を問わず大宇宙のはからいに従って全ての生命あるものへの愛・慈悲を育むものでなければなりません。その幸せの実現に手を貸すことが役割ですから、本末転倒な現実を改める必要があります。

❀ 難民問題解決への貢献

今日、欧米先進国を悩ませる大きな問題となっているのが難民問題です。紛争地域や国内での権力争いで、そこから逃れるために大量の難民が発生し、アフリカや中近東の国から、特に豊かで安全と言われるドイツ、フランス、イギリスを中心とした国へ大量に流入しています。米国へも中南米からの流入が増え続け、国内でさまざまな問題が発生し、受け入れ拒否の政策も取られ始めています。

しかし、避難途中で海に投げ出されたり、疫病や飢餓で亡くなったりする人も多く、受け入れ拒否することも、人道的に大きな問題となっています。我が国は欧米諸国とは遠く離れていますが、我関せずと見過ごして良いものでしょうか？　我が国においても、いつそのような災難が来ないとも言えない状況を抱えています。

例えば、北朝鮮が崩壊した場合や中国と東南アジアの紛争、あるいは中国国内の権力闘争や民主革命により、経済的豊かさや治安の良さで、いつ近隣国からの難民が押し寄せてこないとも限りません。その場合、性善説の人が多いやさしい日本人でも、さすがにその受け入れには限度があり、かといって人道的に追い返すこともできず、同じジレンマに直面することは明らかです。

そもそも一口に難民と言っても、その発生理由はいくつかに分けられます。

①政治的に圧力を受け、生命の危険にさらされるため（政治的亡命）
②国内の民族紛争、宗教紛争のために、暴力や迫害から逃れるため
③国が乱れて経済的な困窮が極度に達し、職を求めて国外への脱出を図るため

①の場合は、亡命先は多様で、人数としては少ないので、比較的受け入れやすいと言えます。しかし、②や③の場合は人数も多く、一時的避難ではなく長期に

渡るため、受け入れ国の経済的負担や生活文化の違いで、その国に溶け込むのは難しく、さまざまな問題が発生します。

その解決策としては、②③については、公海上に人工島や浮島を作り、出身国の危険が収まり安定するまでの一時避難の場所として収容したらどうでしょうか？一つの人工島は、五万人から一〇万人で、同じ文化を持つ人々を収容し、衣食住と医療を保障し、現金は原則的に支給しない。いわゆる必要最低限の保護であり補助ではない。もし、現金が必要ならば、グローバル企業などが島に仕事を持ち込み提供することも考えられます。島内の治安は、国連によるＰＫＯ活動を導入するのです。何れにしても、ある特定の国の手に余る問題であり、国連を中心として、我が国も応分の負担をしなければなりません。

❀ 地球温暖化対策への貢献

地球温暖化により、海面上昇で陸地が浸食されたり、大規模干ばつや風水害などが増大し、山火事も頻発するなど、明らかに二酸化炭素の増大が原因となっています。二〇一七年十一月に発効したパリ協定では、世界の平均気温上昇を産業革命以前に比べて二度より十分低く保ち、一・五度に抑えることが目標とされ、日本では、中期目標として、二〇三〇年度の温室効果ガスの排出を、二〇一三年度の水準から二六％削減することが目標として定められました。

我が国は、二〇一六年のデータでは世界の排出量の二・七％（世界八位）の二酸化炭素を排出していますが、地球環境を救うためには、省エネに加え、率先して技術開発していく必要があります。

具体的には、メタンハイドレート開発・トリウム原子力発電・地熱発電・風力発電などがあげられます。また、町全体の電力を有効利用するスマートコミュニティの設置や、再生エネルギーを活用し、都市交通システムの変革も含めた環境配慮型都市を建設する必要があります。

その点では、世界の科学者とも連携し、共同して事業化・産業化を行い、世界をリードして行くことが望ましいと思います。そうすることで、その暁には、さまざまな特許やノウハウづくりにつながり、大きな輸出商品に育つことにも寄与することが期待できます。

❀ 新しいエネルギー開発による貢献

今日、石炭・石油の化石燃料は、二酸化炭素を排出し、地球温室化を促進するとして、それに代わるクリーンエネルギーが求められています。エネルギーは、経済の発展や生活向上に不可欠ですが、各国ともエネルギーの確保のために、ときには武力を用いて権益の拡大を狙う事態も発生しています。

この状況を打破するためには、どの国でも自国で生産でき供給できる、他国に頼らないエネルギー開発が求められています。水力発電から始まり、今日では風力発電、太陽光発電などが開発されてきましたが、補填するエネルギーとしては役に立っても充分とは言えません。

そのため、夢の太陽エネルギーとしての核融合技術開発が急がれます。これにより、二酸化炭素も排出せず、大気汚染や放射能汚染も防ぐことができます。地球上にある元素である水素、ヘリウム、重水素同士を結合させ、原子核同士が融合してエネルギーを発生させる技術です。海水には充分な重水素があることから、資源には困りません。

他にも、ウランやプルトニウムを用いた現在の原子炉ではなく、トリウム溶融塩炉という原子力発電が注目を集めています。トリウムは放射性物質ですが、自ら核分裂は起こしません。そこで、トリウム二三二からウラン二三三を生み出す核分裂反応を起こさせる火種としてプルトニウムを使用する仕組みです。現在我が国でも余って問題となっている極めて危険なプルトニウムを有効活用し減らすことができるのです。プルトニウムなどの核廃棄物は原爆の材料となることから、大量に保有する我が国に対して、世界は警戒を強めているため、導入するメリットがあります。

これは、かつては米国や独で研究されていたものですが、核開発のなかで、巨大なエネルギーが出せるプルトニウムによるものが主流となったため、下火になってしまいました。しかし、オランダなどで現在開発中で、メルトダウンが起きにくく、万一事故が起こっても対応がしやすく、廃棄物の放射線や毒性も弱いという特徴があり、我が国も積極的に開発に努めるのが望ましいと思います。

❀ 食糧開発による貢献

世界の人口は、二〇一五年に七三億人を突破し、国連の予測では二〇五〇年に九八億人を突破するものとされています。今日先進国では充分過ぎる食糧を消費しており、むしろ食糧の過剰摂取で病気が増えている一方、発展途上国においては、食糧不足、栄養失調のため、生存が脅かされている状況にあります。

豊かな国が食べる分を節約して困っている人々に分け与えるとしても、その程度では解消できません。食糧の開発には、水資源の開発と工業化が欠かせません。魚類・藻類・ミドリムシなどの資源化と海洋開発、そして地上での水耕栽培や農地の開発などで供給量を増やすしかありません。世界の優れた農業開発国である米・仏・イスラエルなどと連携して、我が国の得意分野の工業化や海洋開発を交えて国連主導の元で対応していくべきと考えます。

ちなみに、海外援助金のバラまきはやめ、ＯＥＣＤへの拠出を減らし開発資金に回し、最貧国援助には、お金よりも余剰米などで食糧援助を行って対処するのが好ましいと思います。さらに、国連分担金にも触れれば、二・三七兆円は多すぎます。ドイツ並に一・八二兆円程度でいいと思います。

❁ 東南アジア発展への貢献

第二次世界大戦の結果、西洋により植民地化された東南アジアは、我が国の植民地解放という主張が大きく影響して解放が実現した一面があります。その点で、戦時中日本の占領下にあったとは言え、今日では多くの東南アジア諸国から感謝されています。

また、日本からのOECDを通じて、あるいは有償・無償の経済援助を通じて、諸国の発展に寄与した結果、世界で最も発展する地域としてASEAN（東南アジア諸国連合）は世界から注目されています。

一九六七年のASEAN設立当初の加盟国は、インドネシア、マレーシア、フィリピン、シンガポール、タイの五カ国でしたが、その後、ブルネイ、ベトナム、ラオス、ミャンマー、カンボジアが順次加盟し、現在は十カ国で構成されています。

我が国は、以下のことを念頭に置いて、欧州連合（EU）とは異なった共栄圏として、ＡＳＥＡＮにエネルギーを集中すべきでしょう。今日世界は、勝つか負けるか厳しい競争にさらされていますが、東南アジアには、我が国の支援で、共存共栄のユートピアとなるべく、その実現に貢献すべきでしょう。

まず、ＡＳＥＡＮ域内の総人口は六億人を越え、ＥＵの五億人を上回っており、人口増加率も経済成長率も、より高いものがあります。その点で、政治的・外向的に不安定な、中国・韓国・ロシアより重要な存在です。また、米国は、アメリカファーストに走っており、貿易不均衡を理由に、厳しい要求ばかりを突きつけてきます。

やはり、ＡＳＥＡＮ諸国に喜ばれる商品や技術移転を行い、発展に大きく寄与していくことが必要と考えています。

また、中国は、「一帯一路」政策の一環として、東南アジアへの金利の高い多額な経済援助をテコにして、輸出の拡大を図っており、南シナ海でのサンゴ礁埋め立てによる軍事基地化・領土化などを仕掛けてきています。これは、米国とも力を合わせて対抗していく必要があります。

さらに、大切なのは、ＡＳＥＡＮと日本は、同じアジア人種という共通点があることです。そのため、お互いになじみやすく、優秀な人財の育成協力と日本への働く場の提供も、比較的スムースにできるメリットがあります。

しかし、今日米国は、日本を完全コントロールできず、安保条約も、相互の安全保障とはならない安保ただ乗り論の片編条約と考え、米軍支援の金銭的な要求が増え、貿易では対米黒字の是正など日本に対して快く思っておらず、米国ファーストで早晩今までの蜜月時代はなくなるものと覚悟をしておく必要があります。

すでに書きましたが、米・中・ソの間にあって、ＡＳＥＡＮ諸国と連帯しつつ、自立することを志向していかなければないと考えています。

❁ あとがき

我が国は、太平洋戦争による敗戦で壊滅的になった経済を必死に建て直し、押しも押されもせぬ経済大国となったものの、肝腎な心の復興を置き忘れ、失われた二〇年と言われた経済の落ち込みもあってか、社会全体に活気を失い、経済の低成長の中で、ただ平和で安全であれば良いという風潮が蔓延してしまいました。

一方、世界を見渡せば、大きな激動の時代に突入し、いつ我が国がその影響や被害を受けないとは言えない環境を前にして、一国平和の夢をこれ以上むさぼるわけにはゆかない状況に置かれています。

我が国の歴史と文化を返り見れば、他国にはない大きな可能性を秘めた国民の資質能力を有しており、我々はそれを世界の平和と発展に生かし、この尊い地球を守り、子々孫々に引き継がせる義務があるでしょう。それにはまず、新しい元号の発足を機会に、我が国の足元をしっかりと再構築しつつ、我が国が主導権を発揮して改革の提案を世界に発信し実践して、世界に貢献を果たしてゆかねばなりません。

私は、二十代で中企業の労働組合づくりと執行委員長を経験し、その後三十代で企業を興し、四十歳まで東京青年会議所では理事として政治委員会の委員長、国家問題室長を歴任、そしてその他いくつかの公的な団体の理事長に携わり、企業の役割、諸団体の役割を担ってきました。

そうする中で、常に国のあり方に対する想いが心から離れず、社会や国がこうあって欲しいと願いつつも状況は徐々に悪い方向へ進みつつあることに危惧を覚え、いたたまれずに多少怒りのエネルギーにも駆り立てられ、この本を書くに至った次第です。

我々国民は、得てして平和に慣れきって、それがいつまでも続いて欲しいと願い、ぬるま湯から寒い外へ出るのを拒むものですが、変化や革新が出来ない理由ばかり並べ立て、切羽詰まってから行動したのでは重大な危機に間に合いません。太平洋戦争に巻き込まれたような愚を再び行ってはなりません。あの不可能と思われた明治維新を、勇気を持って賢くやり遂げた士々たちに習って、第二の維新をやり遂げようではありませんか！

なお、本書を著すに当たって、いろいろとアドバイスをいただいた加瀬英明先生、盟友の小柴慧次郎氏、出版のご支援をいただいた斉藤正行氏に心から感謝するとともに、難しいテーマに理解を示していただき出版を勧めていただいた平成出版の須田早社長にも感謝する次第です。

野口　哲英

■著者プロフィール

野口　哲英（のぐち・てつひで）

1941年生まれ。（株）メドックス取締役会長・日本医療経営研究所代表取締役・NPO法人アイエイチエムエージャパン会長・（社）全国介護事業者連盟理事長・（社）日本認知症改革推進協会理事長・（社）国家ビジョン研究会常務理事。

著書「医者いらず金いらず」「絶体絶命の社会保障制度」など。

平成出版 について

本書を発行した平成出版は、基本的な出版ポリシーとして、自分の主張を知ってもらいたい人々、世の中の新しい動きに注目する人々、起業家や新ジャンルに挑戦する経営者、専門家、クリエイターの皆さまの味方でありたいと願っています。

代表・須田早は、あらゆる出版に関する職務（編集、営業、広告、総務、財務、印刷管理、経営、ライター、フリー編集者、カメラマン、プロデューサーなど）を経験してきました。そして、従来の出版の殻を打ち破ることが、未来の日本の繁栄につながると信じています。

志のある人を、広く世の中に知らしめるように、商業出版として新しい出版方式を実践しつつ「読者が求める本」を提供していきます。出版について、知りたい事やわからない事がありましたら、お気軽にメールをお寄せください。


book@syuppan.jp 平成出版 編集部一同

令和維新 – 今こそ「躍動する」日本へ

令和元年（2019）7月26日 第1刷発行

著　者　野口 哲英（のぐち・てつひで）
発行人　須田早
発　行　平成出版 株式会社
〒104-0061 東京都中央区銀座7丁目13番5号
ＮＲＥＧ銀座ビル1階
経営サポート部／東京都港区赤坂8丁目
TEL 03-3408-8300　FAX 03-3746-1588
平成出版ホームページ http://www.syuppan.jp
メール : book@syuppan.jp

発　売　株式会社 星雲社
〒112-0005 東京都文京区水道1-3-30
TEL 03-3868-3275　FAX 03-3868-6588

編集協力／安田京祐、大井恵次
表紙デザイン・本文DTP／Pデザイン・オフィス
印刷／(株)ウイル・コーポレーション